LA VIDA CENTRADA
en el EVANGELIO

GUÍA DE ESTUDIO CON NOTAS PARA EL LÍDER

Mientras lees, comparte con otros en redes usando
#VidaEvangelio

La vida centrada en el evangelio
Guía de estudio con notas para el líder
Robert H. Thune & Will Walker

© 2011 por New Growth Press
© 2021 por Poiema Publicaciones

Traducido y publicado con su debido permiso del libro *The Gospel-Centered Life: Study Guide with Leader's Notes* © 2009 por Serge.

A menos que se indique lo contrario, las citas bíblicas han sido tomadas de *La Santa Biblia, Nueva Versión Internacional* © 1986, 1999, 2015, por Biblica, Inc. Usada con permiso.

Todos los derechos reservados. Ninguna parte de esta publicación puede ser reproducida, almacenada en un sistema de recuperación, o transmitida de ninguna forma ni por ningún medio, ya sea electrónico, mecánico, fotocopia, grabación, u otros, sin el previo permiso por escrito de la casa editorial.

Poiema Publicaciones
info@poiema.co
www.poiema.co

Impreso en Colombia
ISBN: 978-1-950417-41-4
SDG

Contenido

Introducción	1
Perspectiva general del evangelio	7
Lección 1: El marco del evangelio	**11**
Artículo — El marco del evangelio	13
Suplemento — Seis maneras de minimizar el pecado	17
Ejercicio — Juzgando a los demás	19
Lección 2: Aparentando y cumpliendo	**21**
Artículo — Reduciendo la cruz	23
Ejercicio — Lo bueno y lo malo	29
Lección 3: Creyendo en el evangelio	**31**
Artículo — Creyendo en el evangelio	33
Ejercicio — Autoevaluación: Huérfanos vs. hijos	37
Lección 4: La ley y el evangelio	**39**
Artículo — La ley y el evangelio	41
Ejercicio — El marco del evangelio y la ley	45
Lección 5: El arrepentimiento	**47**
Artículo — El arrepentimiento, un estilo de vida	49
Ejercicio — Practicando el arrepentimiento	53

Lección 6: La idolatría del corazón   **55**
Artículo — La idolatría del corazón   57

Lección 7: La misión   **61**
Artículo — El evangelio nos impulsa hacia afuera   63
Ejercicio — Llegando al corazón de la misión   67

Lección 8: El perdón   **69**
Artículo — El evangelio nos da poder para perdonar   71
Ejercicio — Llegando al corazón del perdón   75

Lección 9: El conflicto   **77**
Artículo — El evangelio nos ayuda a luchar con justicia   79
Ejercicio — La resolución de conflictos centrada en el evangelio   83

Guía del líder   **87**
Lección 1 — El marco del evangelio   90
Lección 2 — Aparentando y cumpliendo   96
Lección 3 — Creyendo en el evangelio   101
Lección 4 — La ley y el evangelio   105
Lección 5 — El arrepentimiento   108
Lección 6 — La idolatría del corazón   111
Lección 7 — La misión   114
Lección 8 — El perdón   118
Lección 9 — El conflicto   121

Introducción

ACERCA DE SERGE

Serge nunca se propuso escribir ni publicar un plan de estudios. Somos una agencia misionera que siempre ha creído que el poder y la razón de la misión es el evangelio de la gracia trabajando en la vida del creyente. Sin embargo, a lo largo del camino también hemos descubierto que es mucho más difícil hacer ministerio transcultural y orientado al trabajo en equipo de lo que habíamos pensado. Así que empezamos a escribir materiales para mantener el evangelio en el centro de nuestras vidas y en el centro de nuestras relaciones sociales. Después de poco tiempo teníamos pastores y líderes de ministerios solicitando materiales centrados en el evangelio para que los pudieran usar en sus iglesias y ministerios.

Durante estos años ha sido un privilegio asociarnos con amigos que comparten nuestra pasión por la manera en que el evangelio trasforma de igual manera a creyentes y a no creyentes. Este estudio es el resultado de una de estas asociaciones. Bob Thune y Will Walker escribieron *La vida centrada en el evangelio* para ayudar a su iglesia a crecer en el evangelio. Nos asociamos con ellos para publicarlo porque creemos que te hará crecer también a ti.

Parte del contenido ha sido adaptado de materiales previamente publicados por Serge. Si estás familiarizado con *Sonship, Gospel Identity, Gospel Growth* y *Gospel Love*, quizás podrás reconocer algunos de los temas y conceptos principales. Si no conoces estos materiales verás que Bob y Will han hecho una labor excelente al articular el evangelio de manera simple, profunda y transformadora. Una de las ventajas de estos programas de tutoría es la manera en que la experiencia en la fundación de iglesias de los autores influencia el desarrollo de *La vida centrada en el evangelio*. Esta es una de las razones por la que estamos tan contentos de tenerlo disponible.

Serge, como agencia interdenominacional y reformada, que ha enviado a doscientos misioneros a ministrar en veinticinco equipos alrededor de cinco continentes, siempre está buscando gente preparada para tomar el siguiente paso en una vida con estilo misional. Si quieres informarte más sobre nuestros ministerios de formación, sanidad y capacitación alrededor del mundo, y lo que puede ser de beneficio para ti, visítanos en http://www.serge.org/go. Si estás interesado en saber más sobre nuestros programas de *mentorado* y discipulado que ofrecemos en los Estados Unidos, puedes encontrar la información en http://www.serge.org/grow.

COMO ESTÁ ORGANIZADO ESTE ESTUDIO

La vida centrada en el evangelio contiene nueve lecciones que están agrupadas en tres temas. Esta guía del líder contiene toda la información necesaria para trabajar con el grupo, así como las copias de los materiales para la guía del participante.

¿Qué es el evangelio?

LECCIÓN 1: EL MARCO DEL EVANGELIO

Si el evangelio "lleva fruto y crece" constantemente (Colosenses 1:6), entonces todo tiene que ver con el evangelio: Dios, la humanidad, la salvación, las relaciones interpersonales, las compras, la recreación, el trabajo, la personalidad… ¡todo! El objetivo de esta lección es establecer el marco de referencia para hablar sobre el evangelio. Este marco se abordará con gran detalle en las siguientes dos sesiones.

LECCIÓN 2: APARENTANDO Y CUMPLIENDO

Esta lección nos enseña sobre cómo "reducimos la cruz"; es decir, hay algo que falta en nuestro entendimiento, apreciación o aplicación del sacrificio de Jesús por nuestro pecado. Esto se manifiesta principalmente de dos maneras: **aparentando** y **cumpliendo**. Aparentar reduce el pecado al fingir ser algo que no somos. Cumplir reduce la santidad de Dios, disminuyendo Sus estándares hasta llegar a un nivel alcanzable para nosotros, haciendo meritorio Su favor. Estas dos tendencias se fundamentan en una visión inadecuada de la santidad de Dios y de nuestra identidad.

LECCIÓN 3: CREYENDO EN EL EVANGELIO

En las lecciones anteriores, nos hemos enfocado en las formas con las cuales reducimos el evangelio, es decir, la parte negativa. Esta lección llama nuestra atención a lo positivo: ¿Qué remedios ha dado Dios en el evangelio para no reducir la cruz ni depender de nuestros propios esfuerzos?

¿Qué es lo que el evangelio hace en nosotros?

LECCIÓN 4: LA LEY Y EL EVANGELIO

Continuamos pensando en cómo el evangelio interactúa en nuestras propias vidas, pero ahora consideramos la relación que existe entre el evangelio y la ley. ¿Qué es la ley? ¿Espera Dios que la obedezcamos? ¿Cuál es el propósito de la ley? ¿Cómo es que la ley me ayuda a creer en el evangelio? ¿Cómo es que el evangelio me ayuda a obedecer la ley?

LECCIÓN 5: EL ARREPENTIMIENTO

Esta lección trata el tema del arrepentimiento. Por lo general, en nuestra cultura esto suena como algo malo, pero el arrepentimiento es la norma que debemos seguir para vivir centrados en el evangelio. Ser más conscientes de la santidad de Dios y de nuestra naturaleza pecaminosa nos lleva al arrepentimiento y a creer en el evangelio de Jesús. El arrepentimiento bíblico nos libera de nuestros propios recursos y permite que el poder del evangelio lleve fruto en nuestras vidas.

LECCIÓN 6: LA IDOLATRÍA DEL CORAZÓN

El caminar cristiano consiste en dos pasos repetitivos: arrepentimiento y fe. Ahora volcamos nuestra atención al tema de la fe, nos enfocamos en cómo *crecer* por medio de *creer* en el evangelio. La meta de esta lección es tomar el concepto abstracto de "creer en el evangelio" y hacerlo más concreto.

¿Cómo el evangelio trabaja a través de nosotros?

LECCIÓN 7: LA MISIÓN
El evangelio trabaja tanto *en* nosotros como *a través de* nosotros. Nuestros deseos y motivaciones van cambiando a medida que nos arrepentimos y creemos en el evangelio. Cuando experimentamos el amor de Cristo de esta manera, nos sentimos obligados a expresar la misma clase de amor redentor hacia quienes nos rodean. La gracia de Dios trae renovación en nosotros y a través de nosotros.

LECCIÓN 8: EL PERDÓN
El evangelio que trabaja *en* nosotros siempre trabaja *a través* de nosotros. Muestra su poder en nuestras relaciones interpersonales y acciones. Una de las formas clave en que esto sucede es cuando perdonamos a otros de la manera bíblica.

LECCIÓN 9: EL CONFLICTO
El conflicto es algo que todos experimentamos regularmente, pero frecuentemente lidiamos con él de formas muy pecaminosas. El evangelio nos da un patrón y nos da los medios para la resolución saludable de conflictos.

CÓMO USAR ESTE ESTUDIO
La vida centrada en el evangelio es una guía de estudio diseñada para grupos pequeños, aunque es posible llevar el estudio de manera individual o en grupos grandes. El tono del material asume un formato de grupos pequeños, porque es el escenario donde lo encontramos más efectivo.

Cada una de las lecciones tiene un formato similar, incluyendo los siguientes elementos:

CONVERSACIÓN SOBRE LA BIBLIA
Queremos empezar hablando de la Biblia. Como el nombre lo indica, esta sección está diseñada para estimular el pensamiento y prepararte tanto a ti como a tu grupo para las ideas que se presentarán en cada lección.

Introducción

ARTÍCULO
Los artículos forman la fuente primaria de enseñanza en cada lección. Son enseñanzas cortas y claras de los conceptos presentados en las lecciones. Lo recomendable es que cada semana los participantes de tu grupo se tomen unos minutos para leer juntos el artículo en voz alta.

DIÁLOGO
En esta sección procesamos como grupo los conceptos enseñados en el artículo. Con frecuencia el diálogo se trabajará en conjunto con la siguiente sección (ejercicio) para ayudar a encarnar la enseñanza y aplicarla a nuestras vidas de forma concreta.

EJERCICIO
Cada uno de los ejercicios en este estudio está diseñado para ayudarte a hacer aplicaciones prácticas de los conceptos que han sido enseñados, o ayudarte a entender las enseñanzas a un nivel más profundo del corazón. Asegúrate de dar suficiente tiempo para que tu grupo trabaje adecuadamente con el fin de realizar los ejercicios tal y como están organizados.

CIERRE
El cierre le da al líder la oportunidad de contestar cualquier pregunta de último minuto, reforzar ideas y, lo más importante, pasar unos minutos orando como grupo.

QUÉ ESPERAR

ESPERA ENCONTRAR RETOS
La mayoría de nosotros hemos reducido el evangelio a algo mucho menor de lo que es. Mientras estudias cada una de las lecciones, espera que tu manera de pensar sobre el evangelio sea desafiada y ampliada.

ESPERA QUE EL ESPIRITU SANTO...
sea el único responsable del crecimiento del grupo y del cambio de cada una de las vidas de las personas… incluyéndote a ti. Relájate y confía.

ESPERA QUE LA AGENDA DEL GRUPO INCLUYA...
una participación abierta en el diálogo, las preguntas y los ejercicios. También espera periodos de oración en cada reunión.

ESPERA PROBLEMAS...
y no te sorprendas al descubrir que tu grupo es una mezcla de entusiasmo, esperanza y honestidad, y a la vez una combinación de indiferencia, ansiedad, escepticismo, culpabilidad y encubrimiento. Todos nosotros somos personas que realmente necesitamos a Jesús todos los días. Así que espera que tu grupo esté formado de gente que lucha con el pecado y tiene problemas, ¡personas como tú!

ESPERA UN LÍDER DE GRUPO...
que desee servir, pero que también necesita a Jesús tanto como tú. Ningún líder debería ponerse en un pedestal, así que espera que tu líder de grupo tenga la libertad de compartir abiertamente sus propias debilidades, problemas y pecados.

Perspectiva general del evangelio

El estudio que estás a punto de comenzar tiene como objetivo ayudarte a vivir una vida "centrada en el evangelio". La primera pregunta es obvia: ¿qué es exactamente "el evangelio"? Hay que aclarar esto antes de proseguir. Aunque la gran mayoría de la gente está familiarizada con el término *evangelio*, su contenido puede ser confuso para muchos.

Muchas "presentaciones del evangelio" populares condensan el mensaje del evangelio a tres o cuatro principios fundamentales. Estos resúmenes pueden ser de utilidad. Pero una forma más rica de entender el evangelio es como una *historia*, la verdadera historia que habla de nuestras más puras aspiraciones y de nuestros anhelos más profundos. Esta gran historia tiene cuatro capítulos:

CREACIÓN: EL MUNDO PARA EL QUE FUIMOS HECHOS

Esta historia comienza, no con nosotros, sino con Dios. En el fondo, sabemos que esto es verdad. Sabemos que somos importantes, que hay algo dignificante, majestuoso y eterno acerca de la humanidad. Pero también sabemos que no somos supremos. Existe algo (o Alguien) mayor a nosotros.

La Biblia nos dice que este Alguien es el Dios infinito, eterno e inmutable que creó todas las cosas de la nada (Génesis 1:1-31). Este Dios existe en tres personas: el Padre, el Hijo y el Espíritu Santo (Mateo 28:19). Puesto que Dios es trino en Su ser, no fue motivado a crear el mundo porque *necesitara* algo, ya sea relación, adoración o gloria. Más bien, Él creó todo como un rebose de

Su perfección —Su propio amor, bondad y gloria—. Dios creó al ser humano a Su imagen y semejanza (Génesis 1:27), y esto es lo que nos da nuestra dignidad y valor. También nos ha hecho *humanos*; es decir, somos seres creados, dependientes de nuestro Creador. Fuimos hechos para adorarle, disfrutarle, amarle y servirle a Él, no a nosotros mismos.

En la creación original de Dios, todo era bueno. El mundo existía en perfecta paz, estabilidad, armonía y plenitud.

CAÍDA: LA CORRUPCIÓN DE TODO

Dios nos creó para adorarle, disfrutarle, amarle y servirle. Pero en lugar de vivir bajo la autoridad de Dios, la humanidad le dio la espalda a Dios en rebelión pecaminosa (Génesis 3:1-7; Isaías 53:6). Nuestra deserción sumió al mundo entero en la oscuridad y el caos del pecado. Aunque quedan restos de bondad, la integridad y la armonía de la creación original de Dios se hicieron pedazos.

Como resultado, todo ser humano es pecador por naturaleza y por elección propia (Efesios 2:1-3). Por lo general, excusamos nuestro pecado reivindicando que "no somos tan malos"; después de todo, ¡siempre hay alguien peor que nosotros! Pero esta evasión no hace más que revelar nuestra visión frívola y superficial del pecado. El pecado no es fundamentalmente una *acción*; es una *predisposición*. Es la aversión de nuestro corazón hacia Dios. El pecado se manifiesta en nuestro orgullo, en nuestro egoísmo, en nuestra independencia y en nuestra falta de amor por Dios y por otros. A veces el pecado se manifiesta de maneras evidentes y externas. Otras veces se oculta internamente. Pero "todos pecaron y están destituidos de la gloria de Dios" (Romanos 3:23).

El pecado trae consigo dos drásticas consecuencias a nuestra vida. En primer lugar, *el pecado nos esclaviza* (Romanos 6:17-18). Cuando nos alejamos de Dios, nos apegamos a otras cosas en donde albergamos la esperanza de encontrar nuestra vida, nuestra identidad, nuestro significado y nuestra felicidad. Estas cosas se vuelven nuestros dioses sustitutos —lo que la Biblia llama ídolos— y pronto nos esclavizan, demandan nuestro tiempo, nuestra energía, nuestra lealtad, nuestro dinero, en fin, todo lo que somos y tenemos. Estos dioses reinan en nuestra vida y en nuestro corazón. Es por esto que la Biblia describe nuestro pecado como algo que se "enseñorea" de nosotros

(Romanos 6:14). El pecado nos lleva a "honrar y dar culto a las criaturas antes que al Creador" (Romanos 1:25).

En segundo lugar, *el pecado trae condenación*. No solo somos esclavos de nuestro pecado; somos culpables por él. Estamos condenados delante del Juez del cielo y de la tierra. "La paga del pecado es muerte" (Romanos 6:23). Estamos bajo pena de muerte por nuestra traición de nivel universal en contra de la santidad y de la justicia de Dios. Su justa ira por nuestro pecado está delante de nosotros (Nahúm 1:2; Juan 3:36).

REDENCIÓN: JESUS VIENE A SALVARNOS

Toda buena historia tiene un héroe. Y el héroe de la historia del evangelio es Jesús. La humanidad necesita un Salvador, un Redentor, un Libertador que nos rescate de la esclavitud y la condenación del pecado y que restaure el mundo a su bienestar original. Este Libertador tiene que ser *verdaderamente humano* para pagar la deuda que le debemos a Dios. Pero no puede ser *meramente humano* porque tiene que vencer el pecado. Necesitamos un *Sustituto*: alguien que pueda vivir la vida de obediencia que nos fue imposible vivir, y que pueda tomar nuestro lugar para llevar el castigo que merecemos por nuestra desobediencia y nuestro pecado.

Es por esto que Dios envió a Jesús al mundo para ser nuestro Sustituto (1 Juan 4:14). La Biblia nos enseña que Jesús —la segunda Persona del Dios trino— fue totalmente divino y totalmente humano. Nació de una mujer, vivió Su vida en carne y hueso, y sufrió una muerte brutal en una cruz romana a las afueras de Jerusalén. Jesús vivió una vida de obediencia perfecta a Dios (Hebreos 4:15), haciéndole la única persona en la historia que no merece un juicio. Pero en la cruz, Jesús tomó nuestro lugar, muriendo por nuestro pecado. Él recibió la condenación y la muerte que merecíamos para que, cuando pongamos nuestra confianza en Él, podamos recibir la bendición y la vida que nos ofrece (2 Corintios 5:21).

Jesús no solo murió en nuestro lugar, sino que resucitó de los muertos, manifestando Su victoria sobre el pecado, la muerte y el infierno. Su resurrección es un evento crucial en la historia; la Biblia lo llama "las primicias" —la evidencia inicial— de la regeneración universal que Dios está trayendo (1 Corintios 15:20-28). Una de las más grandes promesas de la Biblia se encuentra en Apocalipsis 21:5: "He aquí, Yo hago nuevas todas las cosas". Todo lo que se perdió, fue roto y quedó corrompido en la Caída será en última instancia restaurado. La redención no significa meramente la salvación de individuos, sino la restauración de la creación entera a su bienestar original.

NUEVAS CRIATURAS: LA HISTORIA CONTINÚA

¿Cómo formamos nosotros parte de la historia? ¿Cómo experimentamos la salvación personal de Dios, y cómo llegamos a ser agentes de Su redención en el mundo? Por fe o confianza (Efesios 2:8-9). ¿Qué significa esto? Confiamos en el taxista cuando contamos con él para llegar a nuestro destino. Confiamos en el médico cuando estamos de acuerdo con su diagnóstico y nos encomendamos a su cuidado. Confiamos en Cristo Jesús cuando reconocemos nuestro pecado, cuando recibimos Su perdón lleno de gracia y cuando descansamos plenamente en Él para nuestra aceptación ante Dios. La fe es como entrar en un taxi. Es como dejarte cortar por el bisturí del cirujano. Es un compromiso apacible de darse a uno mismo incondicionalmente a Jesús (Salmo 31:14-15). Esto es lo que significa creer en el evangelio.

Cuando confiamos en Jesús somos eximidos de la condenación del pecado *y* de su esclavitud. Somos hechos libres para decir "no" al pecado y "sí" a Dios. Somos hechos libres para morir a nosotros mismos y vivir para Cristo y para Sus propósitos. Somos hechos libres para luchar por la justicia en el mundo. Somos hechos libres para dejar de vivir para nuestra propia gloria y comenzar a vivir para la gloria de Dios (1 Corintios 10:31). Somos hechos libres para amar a Dios y amar a otros por la manera en que vivimos. Este es el enfoque de nuestro estudio.

Dios ha prometido que Jesús volverá para finalmente juzgar al pecado y hacer nuevas todas las cosas. Hasta entonces, Él está reuniendo para Sí gente "de todas naciones y tribus y pueblos y lenguas" (Apocalipsis 7:9). Como parte de este grupo de gente llamada y enviada, tenemos el privilegio de unirnos a Él en Su misión (Mateo 28:18-20) como individuos y como parte de Su familia espiritual. Por gracia, podemos disfrutar de Dios, vivir nuestra vida para Su gloria, servir a la humanidad y dar a conocer Su evangelio a otros a través de nuestras palabras y acciones.

Estas son las buenas nuevas —la verdadera historia— del evangelio.

LECCIÓN 1

El marco del evangelio

IDEA CENTRAL

Si el evangelio "lleva fruto y crece" constantemente (Colosenses 1:6), entonces todo tiene que ver con el evangelio: Dios, la humanidad, la salvación, las relaciones interpersonales, las compras, el ocio, el trabajo, la personalidad… ¡todo! El objetivo de esta lección es establecer el marco de referencia para hablar sobre el evangelio. Este marco se abordará con más detalle en las siguientes dos sesiones, por lo que esta lección está diseñada para ayudarnos a entender los conceptos y empezar a explorar cómo se relacionan en la vida real.

Lección 1

ARTÍCULO

El marco del evangelio

"El evangelio" es una frase que los cristianos usamos con frecuencia sin entender completamente su significado. Hablamos el idioma del evangelio, pero en pocas ocasiones aplicamos el evangelio a cada aspecto de nuestras vidas. Sin embargo, que lo apliquemos es exactamente lo que Dios quiere de nosotros. El evangelio es nada menos que "el poder de Dios" (Romanos 1:16). En Colosenses 1:6, el apóstol Pablo elogia a la iglesia en Colosas porque el evangelio estuvo "dando fruto y creciendo… entre [ellos] desde el día en que supieron de la gracia de Dios". El apóstol Pedro enseña que no vivimos una transformación continua porque olvidamos lo que Dios hace por nosotros a través del evangelio (2 Pedro 1:3-9). Si vamos a alcanzar la madurez en Cristo, debemos profundizar y fortalecer nuestro conocimiento del evangelio como el medio señalado por Dios para una transformación personal y en comunidad.

Algunos cristianos viven con una perspectiva truncada o parcial del evangelio. Ven el evangelio como la "puerta", la manera de entrar al reino de Dios. ¡Pero el evangelio es mucho más que eso! No es únicamente la puerta, sino también el camino por el cual debemos andar todos los días de nuestra vida cristiana. No es solo el medio de nuestra salvación, sino el medio de nuestra transformación. No es simplemente la liberación del castigo por el pecado, sino la liberación del poder del pecado. El evangelio es lo que nos reconcilia con Dios (justificación) y es también lo que nos da la libertad necesaria para deleitarnos en Dios (santificación). ¡El evangelio lo cambia todo!

La siguiente ilustración ha ayudado a muchas personas a pensar en el evangelio y en sus implicaciones. Este diagrama no dice todo lo que se podría decir del evangelio, pero nos sirve como ayuda visual para entender la manera en que el evangelio trabaja.

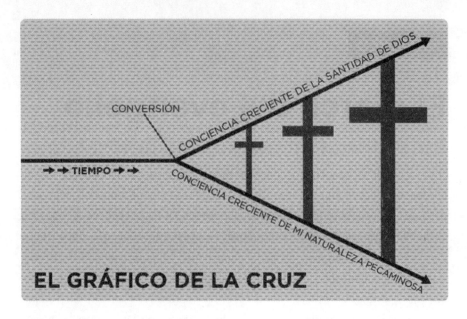

El punto de partida de la vida cristiana (conversión) inicia cuando me doy cuenta de la distancia que existe entre la santidad de Dios y mi naturaleza pecaminosa. Cuando me convierto, confío y espero en Jesús, quien ha hecho lo que yo jamás podré hacer: ser el puente entre mi naturaleza pecaminosa y la santidad de Dios. Jesús ha tomado sobre Sí mismo la santa ira de Dios dirigida contra mi pecado.

Sin embargo, al momento de mi conversión tengo una perspectiva muy limitada de la santidad de Dios y de mi pecado. Cuanto más crezco en mi vida cristiana, más crezco en mi conciencia tanto de la santidad de Dios como de mi naturaleza pecaminosa. Conforme leo la Biblia y experimento la convicción del Espíritu Santo, y mientras más vivo en comunidad con otras personas, tanto el alcance de la majestad de Dios como el alcance de mi pecado llegan a ser mucho más claros y vívidos. No es que Dios sea cada vez más santo o que yo sea cada vez más pecador, sino que mi *conciencia* sobre estos dos puntos va creciendo. Voy creciendo en mi visón de Dios y lo comienzo a ver como realmente es (Isaías 55:8-9), y a la vez me comienzo a ver como realmente soy (Jeremías 17:9-10).

Cada vez que voy conociendo más tanto mi pecado como la santidad de Dios, algo más también va en aumento: mi apreciación y amor por Jesús. Su mediación, Su sacrificio, Su justicia y Su gracia por mí se me hacen cada vez más increíblemente dulces y poderosos. La cruz llega a ser más grande y más central en mi vida, y me regocijo en el Salvador que murió en ella.

Desafortunadamente, la santificación (el crecimiento en santidad) no surte efecto tan ordenadamente como quisiéramos. Debido al pecado que vive en nosotros, contamos con una tendencia continua a minimizar el evangelio o a "reducir la cruz". Esto sucede (1) cuando minimizo la perfecta santidad de Dios pensando en Él como algo menor a lo que la Biblia declara que es, o (2) cuando enaltezco mi propia justicia autopercibiéndome como alguien mejor de lo que en realidad soy. La cruz va reduciéndose y la importancia de Cristo en mi vida también disminuye.

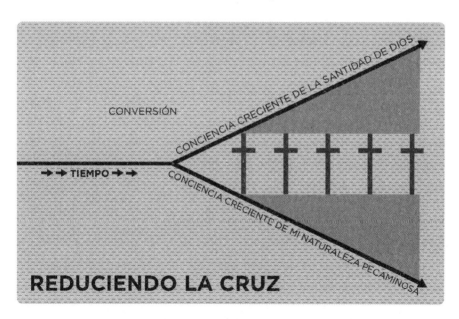

En las próximas lecciones hablaremos más sobre las maneras específicas en que minimizamos el evangelio. Para contrarrestar nuestra tendencia pecaminosa a reducir el evangelio, debemos nutrir constantemente nuestras mentes con la verdad bíblica. Necesitamos conocer, ver y saborear el santo y justo carácter de Dios. Necesitamos identificar, admitir y sentir la profundidad de nuestra pecaminosidad. No necesitamos hacer todo esto solo porque "es lo que se supone que hacen los cristianos". Más bien, convertimos esto en nuestro objetivo porque es la vida que Dios quiere para nosotros, una vida marcada por un gozo, una esperanza y un amor que nos transforman.

Crecer en el evangelio significa comprender más la santidad de Dios y mi pecado. Debido a lo que Jesús ha hecho por nosotros en la Cruz, no tenemos miedo de ver a Dios como realmente es o de admitir lo "averiados" que realmente estamos. Nuestra esperanza no está puesta en nuestra bondad, ni tampoco en una vana esperanza en que Dios rebajará su nivel de exigencia y nos "subirá la nota". Más bien descansamos en Jesús como nuestro perfecto Redentor — Aquel que es nuestra "justificación, santificación y redención" (1 Corintios 1:30).

Lección 1

SUPLEMENTO

Seis maneras de minimizar el pecado

PONERSE A LA DEFENSIVA
Me es difícil recibir críticas en relación con mis debilidades y pecados. Cuando alguien me confronta, mi tendencia es dar explicaciones, hablar de mis éxitos o justificar mis decisiones. Como resultado, las personas se resisten a decirme las cosas y en pocas ocasiones mantengo conversaciones sobre cosas difíciles que sucedan en mi vida.

FINGIR
Me esfuerzo por mantener una apariencia y una imagen respetable. Mi comportamiento, hasta cierto punto, se sostiene por lo que creo que otros piensan de mí. No me gusta reflexionar sobre mi vida. Como resultado, hay poca gente que me conoce de verdad. (Quizá ni yo mismo me conozco realmente.)

ESCONDERSE
Tiendo a ocultar tanto como puedo acerca de mi vida, especialmente las "cosas malas". Esto es diferente a fingir: el que finge intenta impresionar, pero

el que se esconde lo hace por vergüenza. Yo no creo que la gente quiera aceptarme o amarme tal como soy.

EXAGERAR

Tiendo a pensar (y hablar) mucho mejor acerca de mí mismo de lo que debo. Hago que las cosas (buenas y malas) se vean mucho más grandes de lo que son (normalmente para llamar la atención). Como resultado, las cosas que comparto con los demás reciben más atención de lo que merecen y de alguna forma me hacen sentir más estresado y afanoso.

ECHARLES LA CULPA A LOS DEMÁS

Soy rápido para culpar a otros de pecado o por las circunstancias. Me cuesta asumir mi parte de la culpa por el pecado o el conflicto. Existe un elemento de orgullo que da por sentado que la culpa no es mía y/o un elemento de miedo al rechazo, si es que la culpa es mía.

RESTAR IMPORTANCIA

Tiendo a dar poca importancia al pecado y a las circunstancias de mi vida, como si estas fueran "normales" o "no estuvieran tan mal". Como resultado, las cosas no reciben la atención que deberían. Los problemas suelen acumularse hasta el punto de ser abrumadores.

Lección 1

EJERCICIO

Juzgando a los demás

Una manera de ver el valor del gráfico de la cruz (ver página 14) es aplicándolo a un área específica de nuestras vidas donde todos comúnmente tenemos problemas. Juzgar a otros es algo que todos hacemos de formas grandes y pequeñas. En grupo, mencionemos algunas de las maneras específicas en las que juzgamos a otros. Estas preguntas nos ayudarán a ver la conexión que existe entre el juicio a otros y la perspectiva que tienes sobre el evangelio.

1. ¿Cuáles son algunas de las formas específicas en que juzgamos a otros?
2. ¿Por qué juzgamos a otros? ¿Cuáles son las razones que damos?
3. ¿Cómo es que estas razones reflejan una perspectiva limitada de la santidad de Dios?
4. ¿Cómo es que estas razones reflejan una perspectiva limitada de nuestro pecado?
5. Piensa en una persona en tu vida a la que juzgas con frecuencia.
    a. ¿Cómo afectaría a esa relación una perspectiva más amplia de la santidad de Dios?
    b. ¿Cómo afectaría a esa relación una perspectiva más amplia de tu pecado?

LECCIÓN

2

Aparentando y cumpliendo

IDEA CENTRAL
Esta lección trata de cómo nosotros "reducimos la cruz", lo cual es indicio de que algo falta en nuestra comprensión, apreciación o aplicación del sacrificio de Jesús por nuestro pecado. Esto se manifiesta de dos formas principales: **aparentando** y **cumpliendo**. Aparentar minimiza el pecado al fingir ser algo que no somos. Cumplir reduce la santidad de Dios, rebajando Su nivel de exigencia hasta uno que podamos alcanzar para así merecer Su favor. Estas dos tendencias se fundamentan en una visión inadecuada de la santidad de Dios y de nuestra identidad.

Lección 2

ARTÍCULO

Reduciendo la cruz:
APARENTANDO Y CUMPLIENDO

La semana pasada vimos un modelo que ilustra lo que significa vivir a la luz del evangelio. Esta semana veremos más de cerca las maneras en que reducimos el evangelio y su impacto en nuestras vidas.

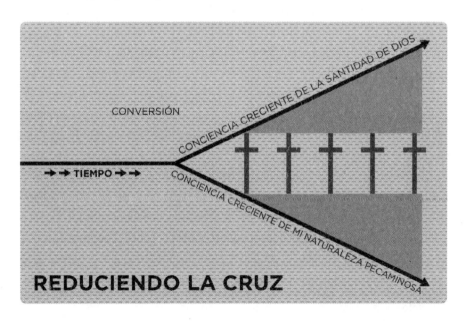

Observa que la línea superior del gráfico anterior tiene el nombre de "conciencia creciente de la santidad de Dios". Esto no significa que la santidad de Dios *en sí misma* crezca, porque el carácter de Dios no cambia. Él siempre ha sido infinitamente santo. Más bien, esta línea muestra que cuando el evangelio funciona correctamente en nuestras vidas, nuestra *conciencia* acerca del carácter santo de Dios crece constantemente. Nos damos cuenta cada vez más, en maneras más completas y profundas, del peso de la gloriosa perfección de Dios.

De igual forma, la línea inferior del gráfico anterior muestra que cuando el evangelio funciona correctamente en nuestras vidas, nuestra conciencia acerca de nuestra naturaleza pecaminosa crece progresivamente. Esto no significa que nos estemos volviendo más pecadores. (De hecho, si estamos creciendo en Cristo, empezaremos a ver más victorias sobre el pecado.) Pero cada vez vemos con mayor claridad lo profunda que es la "madriguera del conejo"[1] en cuanto a nuestro carácter y comportamiento. Estamos viendo que somos profundamente más pecaminosos de lo que nos habíamos imaginado.

Conforme estas líneas se van separando, la cruz llega a ser más grande en nuestra experiencia, produciendo un amor más profundo por Jesús y una comprensión más plena de Su bondad. Al menos esa es la idea. Pero en realidad, debido al pecado que mora en nosotros, somos más propensos a olvidar el evangelio y a desviarnos de él como un barco que eleva el ancla. Es por eso que la Biblia nos insta a estar "firmes en la fe… sin abandonar la esperanza que ofrece el evangelio" y a que "habite en [nosotros] la palabra de Cristo con toda su riqueza" (Colosenses 1:23; 3:16). Cuando no estamos anclados en la verdad del evangelio, nuestro amor por Jesús y nuestra experiencia de Su bondad llegan a ser muy pequeños. Terminamos "reduciendo la cruz" ya sea **aparentando** o **cumpliendo**.

Observa otra vez la línea inferior del gráfico anterior. ¡Crecer en la conciencia de nuestra naturaleza pecaminosa no tiene nada de divertido! Significa admitir —a nosotros mismos y a los demás— que no somos tan buenos como nos creíamos. Significa confrontar lo que Richard Lovelace llamó la compleja red de "actitudes, creencias y comportamientos compulsivos" que

---

[1] Nota del traductor: "madriguera del conejo" es una expresión sacada del libro *Alicia en el País de las Maravillas*. En el libro, esta madriguera resultó ser un túnel mucho más profundo de lo que parecía.

el pecado ha creado en nosotros[2]. Si no estamos descansando en la justicia de Jesús, nuestra conciencia creciente de pecado llega a ser un peso aplastante. Nos doblamos bajo su peso y tratamos de compensarlo **aparentando** que somos mejores de lo que realmente somos. Aparentar puede tomar varias formas, como la deshonestidad ("No soy tan malo"), las comparaciones ("No soy tan malo como *aquellas* personas"), las excusas ("*Realmente* no soy así") y una justicia falsa ("Aquí están *todas las cosas buenas* que he hecho"). Ya que no queremos aceptar lo pecadores que realmente somos, giramos la verdad a nuestro favor.

Crecer en nuestra conciencia de la santidad de Dios también es un reto. Es verse cara a cara con los justos mandamientos de Dios y la gloriosa perfección de Su carácter. Significa darse cuenta de lo lejos que estamos de Su nivel de exigencia. Significa reflexionar en Su disgusto por el pecado. Si no estamos cimentados en la aceptación de Dios a través de Jesús, trataremos de compensar lo que nos falta intentando ganar la aprobación de Dios por medio de nuestro **cumplimiento**. Vivimos nuestra vida sobre una caminadora intentando ganarnos el favor de Dios, viviendo para cumplir con Sus expectativas (o con nuestra percepción incorrecta de ellas).

Es fácil hablar de aparentar y cumplir en lo abstracto. Pero consideremos cómo estas tendencias se manifiestan de forma práctica en nuestras vidas.

Para discernir tus propias tendencias sutiles, hazte la siguiente pregunta: ¿en qué te basas para obtener un sentido de "credibilidad personal" (validación, aceptación, buena posición social)? Tu respuesta a esta pregunta a menudo revelará algo (además de Jesús) en lo que buscas encontrar una justicia. Cuando no estamos bien cimentados en el evangelio, descansamos en estas fuentes falsas de justicia para edificar nuestra reputación y darnos un sentido de estima y valor. Aquí tenemos algunos ejemplos:

UNA JUSTICIA LABORAL: Soy una persona que trabaja mucho y bien, así que Dios me recompensará.

---

[2] Richard Lovelace, *Dynamics of Spiritual Life* (Downers Grove, Ill.: InterVarsity Press, 1979), 88.

UNA JUSTICIA FAMILIAR: Porque "hago las cosas bien" como padre de familia, soy más espiritual que otros padres que no pueden controlar a sus hijos.

UNA JUSTICIA TEOLÓGICA: Tengo una buena teología; Dios me prefiere más que a aquellos que tienen una mala teología.

UNA JUSTICIA INTELECTUAL: He leído más libros, me expreso mejor, y soy más culto que otros; lo cual, evidentemente, me hace superior.

UNA JUSTICIA DE HORARIO: Soy autodisciplinado y riguroso con mi gestión del tiempo, lo cual me hace más maduro que otros.

UNA JUSTICIA DE FLEXIBILIDAD: En un mundo tan ocupado, yo soy flexible y relajado. Siempre tengo tiempo para otros. ¡A los que no son así debería darles vergüenza!

UNA JUSTICIA DE MISERICORDIA: Tengo cuidado de los pobres y desvalidos de la manera en que todos deberían tenerlo.

UNA JUSTICIA LEGALISTA: Yo no bebo, ni fumo, ni juego, ni ando con la clase de personas que hacen estas cosas. Hoy en día hay demasiados cristianos que no se preocupan por la santidad.

UNA JUSTICIA FINANCIERA: Manejo el dinero sabiamente y no tengo deudas. No soy como esos cristianos materialistas que no controlan sus gastos.

UNA JUSTICIA POLÍTICA: Si realmente amas a Dios, votarás por mi candidato.

UNA JUSTICIA DE TOLERANCIA: Tengo una mente abierta y soy amable con quienes no están de acuerdo conmigo. De hecho, me parezco mucho a Jesús en ese sentido.

Lección 2: Artículo

Estos son solo unos pocos ejemplos. Quizá puedas pensar en muchos más. (Piensa en algo que te hace sentir "lo suficientemente bueno" o mejor que los demás.) Estas fuentes de justicia funcional nos desconectan del poder del evangelio. Nos permiten encontrar una justicia en lo que hacemos en lugar de confrontarnos honestamente con la profundidad de nuestro pecado. ¡Además, cada una de estas fuentes de justicia es también una manera de juzgar y de excluir a otros! Las usamos para elevarnos a nosotros mismos y condenar a aquellos quienes no son tan "justos" como nosotros. En otras palabras, encontrar justicia en todas estas cosas nos lleva a pecar más, y no menos.

Ahora bien, para revelar tu tendencia a aparentar, haz una pausa y hazte esta pregunta: al pensar Dios en ti ahora mismo, ¿cuál es la expresión de Su rostro?

¿Te imaginas a Dios decepcionado contigo? ¿Enfadado? ¿Indiferente? ¿La expresión de Su rostro dice: "¡Organízate de una vez!", u: "¡Ojalá pudieras hacer un poco más por Mí!"? Si te imaginas a Dios de cualquier manera que no sea satisfecho con lo que Jesús ha hecho por ti, has caído en la mentalidad de cumplir. Pero esta es la verdad del evangelio: en Cristo, Dios está profundamente satisfecho contigo. De hecho, basado en la obra de Jesús, ¡Dios te ha adoptado como Su propio hijo o hija (Gálatas 4:7)! Pero cuando dejamos de basar nuestra identidad en lo que Jesús ha hecho por nosotros, caemos en un cristianismo que consiste en cumplir. Nos imaginamos que si fuéramos "mejores cristianos", obtendríamos la aprobación de Dios de forma más plena. Vivir de esta manera mina el gozo y el placer de seguir a Jesús, y nos quedamos revolcándonos en una obediencia por obligación y sin gozo. Nuestro evangelio se vuelve algo muy pequeño.

De hecho, un cristianismo que consiste en cumplir disminuye la santidad de Dios. Pensar que podemos impresionar a Dios con "vivir correctamente" muestra que hemos reducido Su nivel de exigencia muy por debajo de lo que realmente es. Más que estar sorprendidos por la medida infinita de Su santa perfección, nos hemos convencido que si solo nos esforzamos lo suficiente, podemos merecer Su amor y Su aprobación.

Nuestras tendencias sutiles a aparentar y a cumplir muestran que dejar de creer en el evangelio es la raíz de todos nuestros pecados más observables. Conforme aprendemos a aplicar el evangelio a nuestra incredulidad —a "predicarnos a nosotros mismos el evangelio"— nos encontraremos libres de la falsa seguridad de aparentar y cumplir. En cambio, viviremos en el gozo y en la libertad auténticos que Jesús nos prometió. Hablaremos más de esto la próxima vez.

Lección 2

EJERCICIO

Lo bueno y lo malo

Todos hemos construido ciertas reglas o normas por las cuales regimos nuestras vidas, pensando que si las guardamos, quedaremos más "justos" delante de Dios. Este es un pequeño paso antes de empezar a juzgar a otros con base en el cumplimiento de estas reglas. Las reglas que hacemos para nosotros mismos por lo general son cosas buenas. Sin embargo, a menudo abusamos de ellas. Por ejemplo, en la lucha por querer controlar nuestras vidas, creamos reglas para mantener ese control. Estas reglas pueden ser tan simples como "no te metas en mi carril", o "la casa debe mantenerse en orden". Cuando la gente incumple estas reglas sentimos que estamos perdiendo el control y que la gente no nos respeta. Además, creemos que nosotros tenemos la razón y que ellos están equivocados. El resultado normalmente es el enfado, al intentar retomar el control de la situación y mostrar que tenemos toda la razón. Así que en lugar de usar estas normas para saber cómo debemos amar a los demás, las usamos en su contra.

PREGUNTAS DE APLICACIÓN

1. Da un ejemplo de alguna regla que has hecho para ti y para los demás que te hace sentir bien cuando se cumple, pero molesto o deprimido cuando no se cumple.

2. ¿Cómo te ha dado esta dinámica de guardar normas un sentido de autojusticia?
3. ¿Cómo te impide amar genuinamente a otras personas el dejarte dominar por estas reglas? Sé específico.

LECCIÓN

3

Creyendo en el evangelio

IDEA CENTRAL

En las lecciones anteriores, nos hemos enfocado en las formas con las cuales reducimos el evangelio, es decir, la parte negativa. Esta lección llama nuestra atención a lo positivo: ¿Qué remedios ha dado Dios en el evangelio para no reducir la cruz ni depender de nuestros propios esfuerzos?

Lección 3

ARTÍCULO

Creyendo en el evangelio

En las últimas dos lecciones usamos una ilustración para entender mejor el evangelio y la forma en que funciona en nuestras vidas. La última vez consideramos nuestra tendencia a "reducir la cruz" a través de aparentar y cumplir. En esta sesión queremos ver cómo una creencia fuerte y vibrante en el evangelio nos libera de nosotros mismos y produce una transformación espiritual verdadera y duradera.

La raíz de la condición humana es una lucha por la justicia y la identidad. Anhelamos contar con un sentido de aprobación, aceptación, seguridad y significado porque fuimos diseñados por Dios para encontrar todas estas cosas en Él. Pero el pecado nos ha separado de Dios y ha creado en nosotros un profundo sentido de alejamiento. Hablando de los judíos de aquellos tiempos, Pablo escribe: "No conociendo la justicia que proviene de Dios, y procurando establecer la suya propia..." (Romanos 10:3). Nosotros hacemos lo mismo. Teológicamente hablando, aparentar y cumplir son solo dos maneras sofisticadas de establecer nuestra propia justicia. Cuando aparentamos, nos hacemos a nosotros mismos mejores de lo que somos. Cuando cumplimos, tratamos de agradar a Dios por lo que hacemos. Aparentar y cumplir reflejan nuestros intentos pecaminosos de asegurar nuestra propia justicia e identidad fuera de Jesús.

La vida centrada en el evangelio

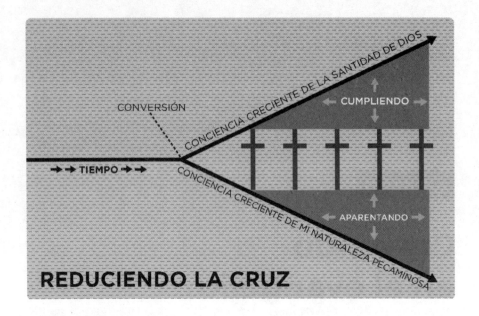

Para experimentar realmente la profunda transformación que Dios nos promete en el evangelio, debemos arrepentirnos constantemente de estos patrones pecaminosos. Nuestras almas deben estar firmemente cimentadas en la verdad del evangelio, de tal forma que mantengamos ancladas tanto nuestra justicia como nuestra identidad en Jesús y no en nosotros mismos. De forma particular, las promesas del evangelio —de justicia pasiva y de adopción— tienen que ser centrales en nuestra manera de pensar y de vivir.

La *justicia pasiva* es la verdad bíblica de que Dios no solo ha perdonado nuestros pecados, sino que también nos confiere la justicia activa de Jesús. Romanos 3 habla de una justicia de Dios que nos es conferida por medio de la fe: "Pero ahora, sin la mediación de la ley, se ha manifestado la justicia de Dios, de la que dan testimonio la ley y los profetas. Esta justicia de Dios llega, mediante la fe en Jesucristo, a todos los que creen" (Romanos 3:21-22). Sobre esta justicia pasiva, Martín Lutero escribe:

Se llama "justicia pasiva" porque no tenemos que trabajar por ella... No es una justicia que podamos ganar, sino que recibimos por fe. Esta justicia es un misterio que alguien que no conoce a Jesús no puede entender. De hecho, los cristianos no la entienden del todo y a menudo

Lección 3: Artículo

no se benefician de ella en sus vidas diarias... Cuando tenemos algún temor o nuestra conciencia está inquieta, es un signo de que nuestra justicia "pasiva" se ha perdido de vista y Cristo está escondido.

La persona que empieza a desviarse de la justicia "pasiva" no tiene otra opción más que vivir por una justicia de "obras". Si no depende de la obra de Cristo, debe depender entonces de su propia obra. Así que debemos enseñar y repetir constantemente la verdad sobre esta justicia "pasiva" o "cristiana" para que los cristianos se sigan aferrando a ella y nunca la confundan con "obras" de justicia.[1]

Lutero nos recuerda que si "nos desviamos de la justicia pasiva", nuestros corazones se inclinarán de forma natural hacia el lado de la autojusticia (justicia por obras). Para combatir nuestra tendencia a reducir el evangelio de esta manera, debemos constantemente arrepentirnos de las falsas fuentes de justicia y predicarnos el evangelio a nosotros mismos, particularmente la verdad sobre la justicia pasiva. Debemos apropiarnos de la promesa del evangelio de que Dios está satisfecho con nosotros porque está satisfecho con Jesús. Cuando abrazamos así el evangelio, ver nuestro pecado no es algo que nos atemorice ni nos avergüence. ¡De hecho, da lugar a la alabanza porque Jesús murió por todo ello! ¡Esto es liberador, puesto que el pecado ya no nos define! Nuestra justicia está en Cristo. La buena noticia del evangelio no es que Dios nos engrandece, sino que nos libera para que engrandezcamos a Jesús.

La *adopción* es la verdad bíblica de que Dios nos ha aceptado en Su familia como Sus hijos e hijas por medio de nuestra unión con Jesús. Parte del trabajo del Espíritu Santo es confirmar esta adopción en nosotros: "Y ustedes no recibieron un espíritu que de nuevo los esclavice al miedo, sino el Espíritu que los adopta como hijos y les permite clamar: «¡*Abba!* ¡Padre!» El Espíritu mismo le asegura a nuestro espíritu que somos hijos de Dios" (Romanos 8:15-16). Gálatas 4:7 expresa lo mismo con diferentes términos: "Así que ya no eres esclavo, sino hijo; y, como eres hijo, Dios te ha hecho también heredero".

---

[1] Martín Lutero, Prefacio de *Commentary on Galatians* [*Comentario a Gálatas*], citado en *Sonship* [*La filiación*] (World Harvest Mission, 2002).

Pero así como nos desviamos de la justicia pasiva, así también somos más propensos a olvidarnos de nuestra identidad como hijos de Dios. Vivimos como huérfanos en lugar de vivir como hijos e hijas. En vez de descansar en la paternidad amorosa de Dios, tratamos de ganarnos Su favor cumpliendo con Sus expectativas (o nuestro concepto equivocado de ellas). Vivimos como en una caminadora, intentando ser "buenos cristianos" para que Dios nos dé Su aprobación. Para contrarrestar esta tendencia a reducir el evangelio de esta manera, debemos arrepentirnos constantemente de nuestra manera de pensar como huérfanos y asimilar nuestra verdadera identidad como hijos e hijas de Dios. Por la fe, debemos abrazar la promesa del evangelio de que somos adoptados como hijos de Dios. La justicia de Jesús nos ha sido dada sin obras (Romanos 4:4-8). No tenemos que hacer nada para conseguir el amor y la aceptación de Dios; Jesús lo ha conseguido por nosotros. Cuando nos apropiamos del evangelio de esta manera, el nivel de exigencia infinito de la santidad de Dios ya no es algo intimidante ni atemorizante. Antes esta exigencia nos lleva a adorar a Dios, porque Jesús ha cumplido con aquellas inalcanzables expectativas en favor de nosotros. Nuestra identidad está en Él. La buena noticia del evangelio no es que Dios nos ve con buenos ojos por lo que somos, sino *a pesar* de lo que somos.

A la raíz de todos nuestros pecados visibles yace la invisible lucha por la justicia y la identidad. En otras palabras, nunca dejamos de crecer en el evangelio. Como Martín Lutero escribió: "Lo más importante es que conozcamos bien [el evangelio], que lo enseñemos a otros y que constantemente lo metamos en nuestras cabezas". Cuando nos damos cuenta de nuestras tendencias a aparentar y a cumplir —nuestros intentos para construir nuestra propia justicia e identidad— debemos arrepentirnos de pecar, y creer nuevamente en las promesas del evangelio. Este es el patrón constante de la vida cristiana: arrepentimiento y fe, arrepentimiento y fe, arrepentimiento y fe. Conforme vamos caminando de esta forma, la raíz del evangelio va profundizando más en nuestras almas, y entonces Jesús y Su cruz empiezan a ser "grandes" en la realidad de nuestras vidas diarias.

Lección 3

EJERCICIO

Autoevaluación:
HUÉRFANOS VS. HIJOS

Este es un ejercicio práctico que nos ayudará a revelar tanto nuestras tendencias pecaminosas a manipular la vida como nuestra necesidad diaria de volver a Cristo. Este ejercicio te mantendrá humilde, lo cual es el primer paso para servir a Jesús y a los demás. Lee cada una de las descripciones de izquierda a derecha. Bajo la lista de "El huérfano" marca la casilla si ves esa tendencia en tu vida. Subraya las palabras que mejor te describen. Bajo la lista de "El hijo/La hija" marca la casilla que describe el área donde más deseas crecer y subraya las palabras claves.

EL HUÉRFANO	EL HIJO / LA HIJA
☐ Le falta intimidad vital y diaria con Dios	☐ Se siente libre de preocupación por el amor que Dios le tiene
☐ Le generan ansiedad los amigos, el dinero, la escuela, las notas, etc.	☑ Está aprendiendo a vivir una relación íntima con Dios cada día
☐ Siente que a nadie le importa	☑ No tiene miedo de Dios
☐ Vive con base en el éxito o el fracaso	☐ Se siente perdonado(a) y totalmente aceptado(a)

La vida centrada en el evangelio

EL HUÉRFANO	EL HIJO / LA HIJA
☑ Necesita quedar bien	☐ Confía diariamente en el plan soberano de Dios para su vida
☐ Se siente culpable y condenado	☑ Tiene la oración como primer recurso
☐ Le cuesta confiarle las cosas a Dios	☐ Está contento(a) con sus relaciones interpersonales pues es aceptado(a) por Dios
☑ Tiene que arreglar sus problemas	☐ Ha sido liberado(a) del peso de tener que hacerse un nombre
☐ No es muy enseñable	☑ Está dispuesto(a) a ser enseñado por otros
☐ Se pone a la defensiva cuando le acusan de algún error o debilidad	☐ Es abierto(a) a la crítica porque descansa en la perfección de Cristo
☐ Necesita tener la razón	☐ Es capaz de examinar sus motivos más profundos
☐ Le falta confianza	☐ Es capaz de tomar riesgos y aun de fracasar
☑ Se siente desanimado o derrotado	☑ Se siente animado(a) por la obra del Espíritu en él/ella
☐ Es tenaz con sus opiniones, ideas y agendas	☑ Es capaz de ver la bondad de Dios en medio de las dificultades
☐ Su solución para la derrota es: "Esfuérzate más"	☐ Está contento(a) con lo que Cristo le ha provisto
☐ Tiene un espíritu de crítica (queja y amargura)	☑ Confía menos en él/ella mismo(a) y más en el Espíritu Santo
☐ Destruye a otros	☑ Se da cuenta de su incapacidad de arreglar la vida, la gente y los problemas
☐ Es "analista competente" de las debilidades de otros	☐ Puede confesar libremente sus faltas a los demás
☐ Tiende a compararse con los demás	☐ No siempre tiene que tener la razón
☑ Se siente paralizado cuando piensa que debe vencer su naturaleza pecaminosa	☐ No tiene su valor en lo que otras personas dicen o hacen
☐ Necesita tener el control de las situaciones y de las personas	☐ Experimenta más y más victoria sobre su naturaleza pecaminosa
☐ Busca satisfacción en las "posiciones"	☑ Considera la oración como una parte vital de su vida
☐ Busca satisfacción en las "posesiones"	☐ Habla más y más de Jesús; es el tema central de sus conversaciones
☐ Tiende a motivarse más por la obligación y el deber que por el amor	☐ Está real y plenamente satisfecho(a) en Dios

LECCIÓN

4

La ley y el evangelio

IDEA CENTRAL

Continuamos pensando en cómo el evangelio interactúa en nuestras propias vidas, pero ahora consideramos la relación que existe entre el evangelio y la ley. ¿Qué es la ley? ¿Espera Dios que la obedezcamos? ¿Cuál es el propósito de la ley? ¿Cómo es que la ley me ayuda a creer en el evangelio? ¿Cómo es que el evangelio me ayuda a obedecer la ley? Estas son las preguntas que abordaremos en esta lección.

Lección 4

ARTÍCULO

La ley y el evangelio

Aun un lector eventual puede ver que la Biblia está llena de mandatos, prohibiciones y expectativas. Nos dice qué hacer y qué no hacer. Estas reglas o leyes frecuentemente representan un obstáculo para la fe. Los no cristianos se oponen al cristianismo porque parece que solo tiene "un sinnúmero de normas y reglas". Y aún los cristianos fieles luchan para entender cómo es que la ley de Dios y el evangelio de Dios se relacionan. Después de todo, si estamos reconciliados con Dios por gracia y no por obras, ¿realmente importa si obedecemos o no?

Cuando no entendemos la relación entre la ley y el evangelio somos llevados a dos errores opuestos pero igualmente destructivos: el **legalismo** y el **libertinaje**. Las personas legalistas continúan viviendo bajo la ley, creyendo que la aprobación de Dios de alguna manera depende de lo correcto de su conducta. Las personas libertinas descartan la ley, creyendo que, porque están "bajo la gracia", las reglas de Dios no importan mucho. Estos dos errores han existido desde los tiempos de los apóstoles. Gálatas, un libro de la Biblia, fue escrito para combatir el error del legalismo: "¿Tan torpes son? Después de haber comenzado con el Espíritu, ¿pretenden ahora perfeccionarse con esfuerzos humanos?" (Gálatas 3:3). Romanos, otro libro de la Biblia, presenta el error del libertinaje: "Entonces ¿qué? ¿Vamos a pecar porque no estamos ya bajo la ley, sino bajo la gracia? ¡De ninguna manera!" (Romanos 6:15).

Tanto el legalismo como el libertinaje son destructivos para el evangelio. Para evitar estas dificultades debemos entender la relación bíblica entre la ley y el evangelio. En una frase, así es cómo Dios ha diseñado que funcionen: la ley nos conduce al evangelio y el evangelio nos libera para obedecer la ley. Darnos cuenta de todo lo que Dios espera de nosotros nos debería llevar a Cristo desesperadamente. Pero una vez unidos a Cristo, el Espíritu Santo que mora en nosotros nos lleva a deleitarnos en la ley de Dios y nos da poder para obedecerla. En su comentario sobre Romanos, Martín Lutero lo resume de esta manera: "La ley, bien entendida y comprendida en profundidad, no hace nada más que recordarnos nuestro pecado, matarnos por medio de él y convertirnos en objetivos de la ira eterna… La ley no puede ser guardada por el poder humano, sino solo a través de Cristo, quien derrama al Espíritu Santo en nuestros corazones. Cumplir la ley… es hacer Sus obras con placer y amor… [las cuales] son puestas en nuestro corazón por el Espíritu Santo".[1]

Lee la última frase una vez más: "Cumplir la ley… es hacer Sus obras con *placer y amor*". Saber lo que Dios requiere no es suficiente. Obedecerlo "porque se supone que es lo que tenemos que hacer" no es suficiente. Cumplir verdaderamente la ley significa obedecer a Dios con placer y amor, porque el Espíritu Santo mora en nosotros. "Me agrada, Dios mío, hacer Tu voluntad; Tu ley la llevo dentro de mí" (Salmo 40:8).

¿Cómo llegamos a ser aquellas personas que aman a Dios y se deleitan en su ley? La respuesta es: a través del evangelio.

En primer lugar, es a través del evangelio que nos damos cuenta de nuestra desobediencia a la ley de Dios. El primer paso en el camino del evangelio es darse cuenta de que "todos han pecado y están privados de la gloria de Dios" (Romanos 3:23), y que nuestra desobediencia a la ley de Dios nos deja bajo maldición: "Todos los que viven por las obras que demanda la ley están bajo maldición" (Gálatas 3:10).

En segundo lugar, es a través del evangelio que somos liberados de la maldición de la ley. Estas son las buenas nuevas del evangelio: Dios está dispuesto a perdonarnos si nos volvemos a Jesús y somos justificados —declarados "no culpables" ante los ojos de Dios— por la fe en Él. "Cristo nos

---

[1] Martín Lutero, *Commentary on Romans* [*Comentario a Romanos*], J. Theodore Mueller, trad. (Grand Rapids: Kregel Publications, 2003), xxiii, xv, 110.

Lección 4: Artículo

rescató de la maldición de la ley al hacerse maldición por nosotros, pues está escrito: 'Maldito todo el que es colgado de un madero'. Así sucedió, para que, por medio de Cristo Jesús, la bendición... llegara... y para que por la fe recibiéramos el Espíritu según la promesa" (Gálatas 3:13-14). Jesús no solo expió nuestras imperfecciones, sino que además consiguió nuestra perfección a través de Su obra en la cruz. Y por Su resurrección nos ha liberado para siempre, para vivir por Él (2 Corintios 5:14-15). La ley ya no nos juzga. Dicho en lenguaje bíblico: ya no estamos "bajo la ley" (Romanos 6:14).

En tercer lugar, es a través del evangelio que Dios envía al Espíritu Santo a habitar en nosotros, transformando nuestros corazones, permitiéndonos amar verdaderamente a Dios y a los demás. Como resultado de nuestra justificación por fe "el amor de Dios ha sido derramado en nuestros corazones por el Espíritu Santo que nos fue dado" (Romanos 5:5). Comúnmente leemos la frase "el amor de Dios" en estos versículos como el amor de Dios para nosotros. Pero contextual y lingüísticamente hablando, esta frase también tiene el sentido del "amor que viene de Dios" o "el amor por Dios". Puesto que Dios nos ama, ha puesto en nuestros corazones Su propia capacidad de amar y deleitarse en Sí mismo. Jesús oró que el mismo amor que Dios Su Padre tiene por Él estuviera en nosotros: "Yo les he dado a conocer quién eres... *para que el amor con que me has amado esté en ellos*, y Yo mismo esté en ellos" (Juan 17:26).

Un verdadero cristiano obedece la ley de Dios, pero no por obligación ni por deber, sino por amor, porque "el amor es el cumplimiento de la ley" (Romanos 13:10). Tanto el legalismo como el libertinaje están fundamentalmente centrados en ser humano. Los legalistas y los libertinos no están enfocados en deleitarse en Dios ni en la ley, sino que están centrados en sí mismos: "Guardo la ley", o: "No guardo la ley". Pero el evangelio nos libera de nuestro "ensimismamiento" y nos hace ver hacia afuera. Vemos que la ley de Dios no es para restringirnos sino para liberarnos, es "la ley perfecta que da libertad" (Santiago 1:25). Es una ley que nos apunta a Jesús.

Romanos 10:4 dice: "Cristo es el fin de la ley, para que todo el que cree reciba la justicia". En otras palabras, el propósito de la ley es llevarnos a Jesús. Cuando realmente entendemos lo que estos versículos están diciendo, empezamos a ver que cada mandato en la Biblia nos apunta a Jesús, quien cumple ese mandamiento por nosotros y en nosotros. Él es nuestra justicia. No tenemos que construir una propia.

No somos capaces de hacer lo que la ley nos manda, pero Jesús lo ha hecho por nosotros. Y puesto que Él vive en nosotros por Su Espíritu, hemos sido capacitados para cumplir la ley, no por obligación, sino por deleite. Así que cada mandato en las Escrituras nos señala nuestra propia ineptitud (la línea inferior del gráfico de la cruz, página 14), engrandece la naturaleza santa y buena de Dios (la línea superior del gráfico de la cruz), y nos lleva a ver a Jesús como el Único quien perdona nuestras desobediencias y nos ayuda a obedecer. En otras palabras, la ley nos acerca a Jesús y Jesús nos libera para obedecer la ley.

Lección 4

EJERCICIO

El marco del evangelio y la ley

Un "marco" es un patrón de pensamiento, un filtro por el cual pasan las ideas, una manera particular de ver algo. Entender la Biblia y articular el evangelio de formas creativas y relevantes implica aplicar varios marcos para que la verdad sea más clara. En la primera lección te dimos lo que llamamos el "marco del evangelio", ilustrado por el gráfico de la cruz (página 14). En esta lección aprenderemos a entender la ley de Dios a través de ese marco.

Cada pasaje de las Escrituras afirma una orden moral, ya sea explícita o implícita. Por ejemplo, un versículo te puede decir que no mientas. Tú puedes responder a este imperativo de tres formas diferentes:

LEGALISMO: Puedes esforzarte por no mentir. Esto es lo que significa estar bajo la ley. Inevitablemente, descubrirás que no puedes vivir sin mentir, aunque bajes tu nivel de exigencia de lo que significa *no mentir* en el sentido puro de la palabra.

LIBERTINAJE: Puedes admitir desde el principio que no puedes obedecer este mandamiento y simplemente lo descartas como un ideal bíblico, el cual, de hecho, no esperas obedecer. Esto es lo que significa abusar de la gracia de Dios y rendirse al pecado.

EVANGELIO: Este es el marco que queremos aprender. Y funciona así:
1. **Dios dice**: "No mientas" (la línea superior del gráfico de la cruz: la santidad de Dios)
2. **Yo no puedo obedecer** este mandamiento porque soy pecador (la línea inferior del gráfico de la cruz: mi naturaleza pecaminosa)
3. **Jesús obedeció** este mandamiento perfectamente. (Puedo señalar un sinfín de ejemplos en Su vida terrenal como quedaron registrados en los Evangelios.) Jesús hizo lo que yo debería hacer (pero no puedo) como mi sustituto para que Dios pueda aceptarme (2 Corintios 5:17).
4. **Puesto que Jesús obedeció** la ley perfectamente y ahora vive en mí, y puesto que soy aceptado por Dios, ahora soy libre para obedecer este mandamiento por la gracia y el poder de Dios que operan en mí.

Aplicar este marco de trabajo a tu estudio bíblico te ayudará a creer en el evangelio y a obedecer la ley sin caer en el legalismo ni en el libertinaje. Esto te da poder para experimentar la realidad de que el evangelio lo cambia todo.

EJERCICIO PRÁCTICO

Lee un pasaje bíblico con tu grupo y juntos apliquen este marco. (Escojan entre Santiago 2:1-7; Filipenses 4:4-7; 1 Pedro 3:9)

1. ¿Cuál es el mandato?
2. ¿Por qué no puedes cumplirlo? (Sé específico sobre la lucha que tienes para obedecer este mandato.)
3. ¿Cómo cumplió Jesús este mandato perfectamente? (Fíjate en ejemplos específicos en los Evangelios.)
4. ¿Cómo puede el Espíritu de Dios en ti darte poder para obedecer este mandato (en situaciones específicas)?

LECCIÓN

5

El arrepentimiento

IDEA CENTRAL

Esta lección aborda el tema del arrepentimiento. En nuestra cultura, usualmente esto suena como algo malo, como el ser llamado a la oficina del jefe un viernes por la tarde. Pero lejos de ser malo o inusual, el arrepentimiento es la norma para vivir centrados en el evangelio. Ser conscientes de la santidad de Dios y de nuestra naturaleza pecaminosa nos lleva al arrepentimiento y a creer en el evangelio de Jesús. Estamos constantemente alejándonos de aparentar y cumplir para que podamos vivir como hijos e hijas. El arrepentimiento bíblico nos libera de nuestros propios recursos y permite que el poder del evangelio lleve fruto en nuestras vidas. Pero el pecado arruina nuestro arrepentimiento y nos roba su fruto. Así que nuestros objetivos en esta lección son (1) exponer las formas en las cuales practicamos el arrepentimiento falso y (2) llevarnos hacia el arrepentimiento genuino.

Lección 5

ARTÍCULO

El arrepentimiento, un estilo de vida

Hemos estado pensando en cómo vivir constantemente nuestra vida bajo la influencia del evangelio. Durante las lecciones pasadas, el gráfico de la cruz (que puedes ver en la página siguiente) nos ha servido como un modelo visual para ayudarnos a entender cómo es que el evangelio trabaja.

Como hemos visto, el patrón recurrente de la vida cristiana es arrepentimiento y fe. Nunca dejamos de necesitar ambas cosas. Las primeras palabras de Jesús en el evangelio de Marcos son: "¡Arrepiéntanse y crean las buenas nuevas!" (Marcos 1:15). En la primera de sus noventa y cinco tesis, Martín Lutero observó: "Cuando nuestro Señor y Maestro Jesucristo dijo 'Arrepiéntanse'… Él quería que la *vida* entera de los creyentes fuera de arrepentimiento". Al arrepentirnos, confesamos nuestra tendencia a reducir la cruz cuando aparentamos y cumplimos. Quitamos nuestro afecto hacia los falsos salvadores y hacia las fuentes de justicia fraudulentas, y regresamos a Jesús como nuestra única esperanza.

La vida centrada en el evangelio

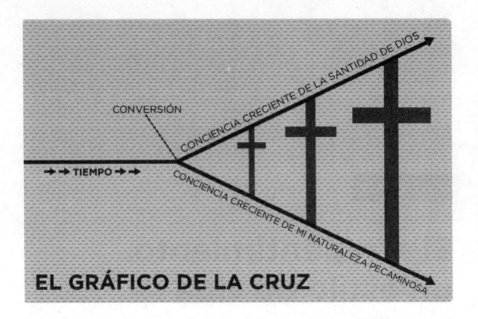

En la superficie, el arrepentimiento parece algo muy simple y claro, pero no es así. Puesto que nuestros corazones son una "fábrica de ídolos" (como diría Juan Calvino), aún nuestro arrepentimiento puede llegar a ser un vehículo de pecado y egoísmo. Somos practicantes habilidosos del **arrepentimiento falso**. Una de nuestras grandes necesidades en la vida centrada en el evangelio es entender el arrepentimiento de forma precisa y bíblica.

Para la mayoría de nosotros, la palabra "arrepentimiento" tiene una connotación negativa. Solamente nos arrepentimos cuando hacemos algo *realmente* malo. La idea de penitencia del catolicismo romano frecuentemente mancha la manera en que pensamos sobre el arrepentimiento: cuando pecamos, deberíamos sentirnos mal por ello, golpearnos y hacer algo para remediarlo. En otras palabras, el arrepentimiento se vuelve algo centrado más en *nosotros* y no en Dios o la gente contra quienes hemos pecado. Queremos sentirnos mejor. Queremos que todo "vuelva a la normalidad". Queremos saber que hemos hecho nuestra parte, que nuestra culpabilidad se ha evaporado y que podemos seguir con nuestra vida.

Piensa, por ejemplo, en alguna relación con alguien a quien le has dicho palabras que le lastimaron. Quizá tu intento por arrepentirte suene así: "Lo siento; te lastimé. No debí haber dicho eso. ¿Me perdonas?". Pero ¿es esto

Lección 5: Artículo

realmente un arrepentimiento verdadero? ¿Nuestro pecado consiste solamente en las palabras que hemos dicho? ¿No fue Jesús quien enseñó que "de lo que abunda en el corazón habla la boca" (Lucas 6:45)?

Aunque quizá nos hemos dado cuenta de nuestras palabras hirientes, con frecuencia el otro ha sentido el impacto del profundo resentimiento, enojo, envidia o amargura que hay en nuestros corazones. A menos que confesemos estos pecados también, nuestro "arrepentimiento" no es en absoluto un arrepentimiento verdadero.

¿Cómo podemos empezar a identificar nuestras tendencias hacia el falso arrepentimiento? Buscando los patrones de *remordimiento* y *resolución* que usamos cuando lidiamos con el pecado. Remordimiento: "¡No puedo creer que hice eso!". Resolución: "Prometo hacerlo mejor la próxima vez". Detrás de esta manera de vivir se encuentran dos grandes malentendidos acerca de nuestros corazones. El primero es que nos tenemos en muy alta estima a nosotros mismos. No creemos realmente en la profundidad de nuestro pecado y de nuestra maldad (la línea inferior del gráfico de la cruz). Esto nos lleva a reaccionar con sorpresa cuando el pecado se manifiesta: "¡No puedo creer que acabo de hacer eso!". En otras palabras: "¡Yo en realidad no soy así!". El segundo malentendido es que pensamos que tenemos el poder de cambiarnos a nosotros mismos. Pensamos que si tomamos decisiones y nos esforzamos más la próxima vez, podremos arreglar el problema.

Estos patrones de remordimiento y resolución también afectan nuestras actitudes hacia los demás. Puesto que nos tenemos en tan alta estima, respondemos al pecado de otros con hostilidad y desaprobación. Somos poco severos con nuestro propio pecado, ¡pero explotamos por los pecados de otros! Y debido a que pensamos que podemos cambiarnos a nosotros mismos, nos sentimos frustrados cuando otras personas no se cambian a sí mismas con más rapidez. Nos volvemos juzgones, impacientes y criticones.

El evangelio nos llama (y nos da poder para llegar) al **verdadero arrepentimiento**. De acuerdo con la Biblia, el arrepentimiento verdadero:

ESTÁ ORIENTADO HACIA DIOS Y NO HACIA MÍ. Salmo 51:4 "Contra Ti he pecado, solo contra Ti, y he hecho lo que es malo ante Tus ojos…".

ESTÁ MOTIVADO POR UN VERDADERO DOLOR SEGÚN DIOS Y NO POR UN PURO LAMENTO EGOÍSTA. 2 Corintios 7:10 "La tristeza que proviene de Dios produce el arrepentimiento que lleva a la salvación, de la cual no hay que arrepentirse, mientras que la tristeza del mundo produce la muerte".

ESTÁ CENTRADO EN EL CORAZÓN, NO SOLO EN LAS ACCIONES EXTERNAS. Salmo 51:10 "Crea en mí, oh Dios, un corazón limpio, y renueva la firmeza de mi espíritu".

MIRA A JESÚS EN BUSCA DE LA LIBERACIÓN DEL CASTIGO Y DEL PODER DEL PECADO. Hechos 3:19-20: "Por tanto, para que sean borrados sus pecados, arrepiéntanse y vuélvanse a Dios, a fin de que vengan tiempos de descanso de parte del Señor, enviándoles el Mesías que ya había sido preparado para ustedes, el cual es Jesús".

En lugar de disculpar nuestro pecado o caer en los patrones de remordimiento y resolución, el verdadero arrepentimiento del que habla el evangelio nos lleva a *darnos cuenta* y a *arrepentirnos*. Darse cuenta: "Yo hice eso" ("¡Eso **es** lo que realmente soy!"). Arrepentirse: "¡Señor, perdóname! Tú eres mi única esperanza". Conforme aprendemos a vivir a la luz del evangelio, esta clase de verdadero arrepentimiento debería llegar a ser cada vez más normal en nosotros. No seremos ya más sorprendidos por nuestro pecado, y seremos capaces de admitirlo más honestamente. Y dejaremos de creer que nos podemos arreglar a nosotros mismos, así que más rápidamente iremos a Jesús para perdón y transformación.

El pecado es una condición, no solo un comportamiento. Y el arrepentimiento verdadero es un estilo de vida, no meramente una práctica ocasional. El arrepentimiento no es algo que hacemos solo una vez (cuando nos convertimos), o solo periódicamente (cuando realmente nos sentimos culpables). El arrepentimiento es algo continuo, y la convicción de pecado es una marca del amor de Dios Padre por nosotros. "Yo reprendo y disciplino a todos los que amo. Por lo tanto, sé fervoroso y arrepiéntete" (Apocalipsis 3:19).

Así que... ¿de qué te arrepientes?

Lección 5

EJERCICIO

Practicando el arrepentimiento

Frecuentemente disculpamos nuestro pecado para evitar el pesado trabajo del arrepentimiento. A continuación se enlistan las excusas más comunes y (en paréntesis) los pensamientos internos que revelan. Toma un minuto para ver la lista y después usa las preguntas de abajo para que, con tu grupo, se ayuden mutuamente a practicar el arrepentimiento genuino.

- **Solo estaba siendo honesto.** (¿No puedes soportar la verdad?)
- **Solo estoy diciendo lo que siento.** (No hay nada de pecaminoso en mis sentimientos.)
- **Solo estaba bromeando.** (¿No entendiste la broma?)
- **Te malentendí.** (¡No estás tan loco como me lo imaginaba!)
- **Me malentendiste.** (No soy tan malo como crees.)
- **Así soy yo.** (Soy un pecador, y eso excusa mi comportamiento.)
- **Cometí un error.** (Todos nos equivocamos, ¿no?)
- **No era mi intención hacerlo.** (No quería que se supiera.)
- **Estoy teniendo un mal día.** (Merezco algo mejor.)

¿Con cuáles de estas excusas te identificas?

Da un ejemplo reciente (o una situación típica) en el que usaste una de estas excusas en lugar de estar absolutamente deshecho y arrepentido por tu pecado.

Como grupo, describan cómo debería verse un verdadero arrepentimiento en estos casos usando los siguientes pasos:

PASO 1: Reconocer que has pecado contra Dios.

PASO 2: Confesar formas falsas de arrepentimiento y pesar egoísta (remordimiento, resolución, etc.).

PASO 3: Discernir y arrepentirte de las profundas motivaciones del corazón que te llevan a cometer este pecado.

PASO 4: Recibir el perdón de Dios por fe.

PASO 5: Depender del poder de Dios para alejarte del pecado.

Como grupo, repitan el proceso y trabajen en todas las respuestas que puedan en el tiempo que han separado: identifiquen excusas, compartan ejemplos y practiquen el verdadero arrepentimiento.

LECCIÓN

6

La idolatría del corazón

IDEA CENTRAL

Hemos dicho que el caminar cristiano consiste en dos pasos repetitivos: arrepentimiento y fe. En la lección 5 abordamos el tema del arrepentimiento. Ahora volcamos nuestra atención al tema de la fe. Recuerda que crecemos a través de creer en el evangelio. Ese es el énfasis del diálogo y el ejercicio de esta lección. Bastante fácil, ¿no? La meta es tomar el concepto abstracto de "creer en el evangelio" y hacerlo más concreto.

Lección 6

ARTÍCULO

La idolatría del corazón

En las lecciones pasadas dijimos que el arrepentimiento y la fe deberían ser un patrón continuo y constante en la vida cristiana. La lección pasada explicamos la naturaleza del verdadero arrepentimiento. En esta lección queremos sumergirnos más profundamente en el tema de la fe.

Piensa por un momento en esta pregunta: ¿cuál sería una de las cosas que yo debería hacer para crecer más como cristiano? Si alguien te hiciera esta pregunta, ¿cómo responderías? ¿Sugerirías algunas disciplinas básicas, como leer la Biblia, orar, encontrar amigos cristianos, arrepentirte de tu pecado o aprender más teología?

La multitud le hizo esta misma pregunta a Jesús en Juan 6. Su respuesta quizá te sorprenda:

> "¿Qué tenemos que hacer para realizar las obras que Dios exige?", le preguntaron. "Esta es la obra de Dios: que crean en Aquel a quien Él envió", les respondió Jesús. (Juan 6:28-29).

Nota que la gente preguntó a Jesús lo que debería *hacer* para vivir una vida que agrada a Dios. Jesús responde que la *obra* de Dios es *creer*. En otras palabras, la vida cristiana no consiste en hacer, sino en creer. Entender esto es crucial para la santificación. La mayoría de nosotros somos "hacedores". Con mucho gusto nos lanzamos al siguiente proyecto, al siguiente reto, a la siguiente tarea. Así que nuestra búsqueda por la madurez cristiana produce muchos esfuerzos continuos, pero con poco cambio perdurable. ¿Por qué sucede esto? Porque estamos haciendo demasiado, pero creyendo poco.

Los pecados que podemos ver en nosotros son solo síntomas de un problema más profundo. Debajo de cada pecado externo existe un ídolo en el corazón —un dios falso que ha oscurecido al verdadero Dios en nuestros pensamientos y emociones—. Parafraseando a Martín Lutero, cada pecado es de alguna manera un quebrantamiento del primer mandamiento ("No tendrás dioses ajenos delante de mí"). Lutero escribió: "Como [el primer] mandamiento es el primero, el más alto y el mejor, del cual todos los demás proceden... así también su obra, esto es, la fe en el favor de Dios en todo momento, es la primera [obra], la más alta y la mejor, de la cual todas las demás deben proceder, existir, mantenerse, ser dirigidas y medidas".[1] En otras palabras, mantener a Dios en primer lugar es fundamental para el crecimiento espiritual. La clave para la transformación por el evangelio es aprender a arrepentirse del "pecado detrás del pecado", es decir, de la idolatría profundamente enraizada y la incredulidad que impulsa nuestros pecados más visibles.

Como caso de estudio, tomemos el visible pecado del chisme: hablar de otras personas a sus espaldas de manera sentenciosa y destructiva. ¿Por qué chismeamos? ¿Qué es lo que estamos buscando que deberíamos encontrar en Dios?

Aquí tenemos algunos ídolos comunes del corazón que pueden manifestarse en el visible pecado del chisme:

- **El ídolo de la aprobación.** (Quiero la aprobación de la gente con la que estoy hablando.)
- **El ídolo del control.** (Uso el chisme como una manera de manipular o de controlar a otros.)
- **El ídolo de la reputación.** (Quiero sentirme importante, así que critico a alguien verbalmente.)

---

[1] Martín Lutero, *Treatise on Good Works* [*Ensayo sobre las buenas obras*], sección 9, (1520), dominio público).

- **El ídolo del éxito.** (Alguien está teniendo éxito —y yo no— así que hablo a sus espaldas.)
- **El ídolo de la seguridad.** (Al hablar de otros intento enmascarar mi propia inseguridad.)
- **El ídolo del placer.** (Alguien más está disfrutando de la vida —y yo no— así que yo le ataco.)
- **El ídolo del conocimiento.** (Hablar de la gente es una manera de mostrar que sé más.)
- **El ídolo del reconocimiento.** (Hablar de otros hace que la gente me reconozca.)
- **El ídolo del respeto.** (Esa persona no me respeta, así que yo tampoco voy a respetarla.)

Todos estos ídolos son salvadores falsos que promueven evangelios falsos. ¡Todas estas cosas —la aprobación, el control, la reputación, el éxito, el placer, el conocimiento, el reconocimiento, el respeto—son elementos que ya tenemos en Jesús gracias al evangelio! Pero cuando no estamos viviendo a la luz del evangelio, nos volvemos a estos ídolos para que nos den lo que única y verdaderamente Jesús nos puede dar. Otra manera de identificar los ídolos específicos de tu corazón es haciéndote la pregunta: *¿qué es lo que amo, en qué confío o a qué temo?* Si le temo a la soltería, "tener una relación con una persona del sexo opuesto" probablemente sea mi ídolo (porque promete liberarme del "infierno" de la soltería). Si confío en "tener lo suficiente", probablemente la seguridad sea mi ídolo (porque promete que nunca me faltará nada). Si amo el orden y la estructura, el control probablemente sea mi ídolo (porque si estoy a cargo, puedo estar seguro que las cosas estarán en orden).

Reflexionar sobre "el pecado detrás del pecado" muestra porqué el evangelio es esencial para el verdadero cambio de corazón. ¡Es posible arrepentirse por toda una vida de los pecados que se encuentran en la superficie, y nunca tratar con los asuntos más profundos del corazón detrás de ellos! En el momento en el que peco, ya he roto el primer mandamiento (Éxodo 20:3). Un ídolo ha tomado el lugar de Dios en mi alma. Estoy confiando en que este ídolo sea mi salvador más que Dios. Necesito aplicar el evangelio (1) *arrepintiéndome* de la profunda idolatría de mi corazón y (2) *creyendo*: llevando mi mente a las promesas específicas del evangelio que rompen el poder de mis ídolos característicos.

De acuerdo con el Dr. Steve Childers, la fe "implica aprender cómo colocar los afectos de nuestra mente y corazón en Cristo... la fe requiere un continuo enumerar y deleitarse en los muchos privilegios que ahora son nuestros *en* Cristo".[2] Nota los dos aspectos de la fe: colocar nuestros afectos en Cristo y deleitarse en los privilegios que ahora son nuestros en Cristo. Debo alabar a Jesús (no a mis ídolos), y debo recordarme a mí mismo lo que es verdad acerca de mí gracias a Jesús.

Volvamos a nuestro ejemplo del chisme. Imaginemos que hemos identificado el *respeto* como el ídolo dominante que me lleva a chismear. Después de que me doy cuenta de mi pecado y me arrepiento de él, ejercito la fe de dos maneras. (1) Hago una pausa y alabo a Jesús porque Él hizo a un lado Su derecho de ser respetado, humillándose hasta la muerte (Filipenses 2:5-11). (2) Traigo a mi memoria la verdad del evangelio: ya no necesito ansiar el respeto de otros porque ahora cuento con la aprobación de Dios a través de la fe en Jesús (2 Corintios 5:17-21). Sé que si la gente me respeta o no es un asunto irrelevante: la gracia de Dios me ha liberado de demandar mi propio respeto, y ahora vivo por la fama y el honor de Jesús (1 Corintios 10:31).

Este ejercicio es relativamente sencillo en lo abstracto, pero puede ser mucho más difícil si piensas en tus propios patrones de pecado. Así que dedica tiempo a (1) identificar tus pecados comunes que se pueden ver en la superficie y a (2) identificar en oración cuáles ídolos de tu corazón están detrás de ellos. Después, (3) alaba a Jesús por Su victoria sobre ese ídolo y (4) encuentra promesas basadas en el evangelio en las cuales apoyarte para derrotar el poder de ese ídolo. No dudes en invitar a otros a ayudarte en tu proceso de reflexión y arrepentimiento. Como otro escritor lo ha dicho: "Tú no puedes ver tu propia cara". Nos necesitamos unos a otros para ver nuestro pecado claramente y lidiar con él de forma honesta.

Conforme aprendas a vivir una vida centrada en el evangelio, recuerda: esta es la esencia de caminar con Jesús. El arrepentimiento y la fe no son los pasos *en* el camino, *son* el camino. La obra de Dios es *creer*.

---

[2] Steven L. Childers, "True Spirituality: The Transforming Power of the Gospel" ["La verdadera espiritualidad: el poder transformador del evangelio"], curso disponible en inglés en courses.pathwaylearning.org/library/.

LECCIÓN

7

La misión

IDEA CENTRAL
El evangelio trabaja tanto en nosotros como a través de nosotros. Nuestros deseos y motivaciones van cambiando a medida que nos arrepentimos y creemos en el evangelio. Cuando experimentamos el amor de Cristo de esta manera, nos sentimos obligados a expresar la misma clase de amor redentor hacia quienes nos rodean. La gracia de Dios trae renovación en nosotros y a través de nosotros.

Lección 7

ARTÍCULO

El evangelio nos impulsa hacia afuera

Les hablo así, hermanos, porque ustedes han sido llamados a ser libres; pero no se valgan de esa libertad para dar rienda suelta a sus pasiones. Más bien sírvanse unos a otros con amor (Gálatas 5:13).

Cuando de verdad entendemos la profundidad y la riqueza del evangelio, naturalmente sentimos gozo, deleite y libertad por lo que Jesús es y ha hecho por nosotros. Pero como este versículo enseña, es posible aun usar nuestra libertad como ocasión (o pretexto) para consentir a nuestra naturaleza pecaminosa. Nuestros corazones pecaminosos pueden tomar los buenos beneficios del evangelio y usarlos para fines egoístas.

Esta tendencia se hace mucho más evidente en el hecho de hacer del evangelio una realidad privada. Cuando escuchamos palabras como *transformación*, *renovación* o *crecimiento*, concebimos estos beneficios principalmente como personales e internos —*mi* transformación, *mi* crecimiento, la renovación del evangelio en *mi* corazón—. Y sí, el evangelio *es* personal e interno. Pero es mucho más que eso. Cuando la gracia de Dios está obrando sobre nosotros y en nosotros, también obra a través de nosotros. La renovación de nuestras mentes y corazones crea una propulsión externa que nos impulsa hacia afuera en amor y servicio hacia los demás. El siguiente gráfico nos ayuda a ilustrar este concepto.

La gracia de Dios es la fuerza que nos lleva al cambio. El gráfico nos recuerda que la gracia de Dios tiene tanto un movimiento interno como uno externo, que son como un reflejo el uno del otro. Internamente, la gracia de Dios me lleva a ver mi pecado, a responder en arrepentimiento y fe, y entonces a experimentar el gozo de la transformación. Externamente, la gracia de Dios me lleva a ver las oportunidades de servicio y amor que puedo hacer, a responder en arrepentimiento y fe y a experimentar gozo mientras veo a Dios trabajando a través de mí.

En otras palabras, el evangelio no es solo la respuesta a tus pecados, a tus problemas internos y a los ídolos de tu corazón. También es la respuesta a tu fracaso de amar a otros, a comprometerte con la cultura y a vivir de manera misional. Si el evangelio te está renovando internamente, también te debe impulsar hacia afuera. Debe hacerlo, porque estas son "las buenas nuevas del Reino" (Mateo 9:35). ¡Y el Reino de Dios no es personal ni privado! Jesús nos enseñó a orar: "Venga Tu reino, hágase Tu voluntad en la tierra como en el cielo" (Mateo 6:10). Cuando oramos por la venida del Reino, estamos orando para que Dios reine en los corazones de la gente (internamente) y a la vez para que Su voluntad sea hecha en todas partes tal como se hace en el cielo (externamente).

¿Cómo es que este movimiento externo del evangelio se ve en la práctica? Permíteme darte un ejemplo. Sé que debo amar a mi prójimo. Jesús nos dejó ese mandamiento. De hecho Él dijo que amarlo era el cumplimiento de la ley (Gálatas 5:14). Pero mi vecino y yo no tenemos nada en común. Él es mucho mayor que yo y tenemos gustos diferentes en todo: en la música, en las películas, en la gastronomía, en los carros, en el estilo de vida. Mientras yo disfruto hablar sobre un nuevo músico que acabo de descubrir o un buen libro que leí recientemente, él prefiere contar sus anécdotas de los viejos tiempos cuando servía con la Marina en Vietnam.

Durante meses me sentí culpable en cuanto a la relación con mi vecino. Sabía que *debía* acercarme a él y entablar una amistad. Pero ese sentido del "deber" no me motivaba. Era la ley, no el evangelio. La ley me podía mostrar lo que debería estar haciendo, pero no podía cambiar mi corazón para que quisiera hacerlo. Me enfrentaba a un dilema: podía esforzarme a amar y servir a mi vecino aunque no *quisiera* hacerlo, o podía ignorarlo y no hacer nada. Sabía que ignorarlo era un pecado, pero la primera opción no me motivaba mucho. ¿Una obediencia mecánica y sin gozo estaba realmente honrando a Jesús? ¿Pretendía Dios que Sus mandamientos fueran una carga para mí?

Mucha gente, cuando se enfrenta con este dilema opta, por el camino del legalismo (obedecer aunque no te da la gana) o por el camino del libertinaje (no obedecer en absoluto). ¡Pero ninguna de estas opciones es el evangelio! El evangelio de la gracia de Dios es el combustible para la misión, y cuando se nos está acabando ese combustible, nuestro amor y servicio por los demás pegan un freno.

La respuesta para mi dilema con mi vecino vino a través del evangelio. Conforme la gracia de Dios empezó a renovar mi corazón, pude ver que la raíz del problema era mi egoísmo y falta de amor. Mi amor por mi vecino era condicional: si él fuera más joven, o más inteligente, o si tuviera más cosas en común conmigo, yo lo hubiera apreciado mejor. Empecé a arrepentirme de este pecado y a renovar mi mente con las promesas del evangelio, especialmente con el hecho de que Dios *me* amó siendo yo aún un pecador (Romanos 5:8). Dios con Su gracia se acercó a mí cuando yo no tenía nada en común con Él. ¡Sin duda, por la gracia de Dios, podía ahora acercarme a mi vecino de la misma manera! Mientras el evangelio renovaba mi corazón, algo extraño sucedió. Mi actitud hacia mi vecino empezó a cambiar. Empecé a sentir un verdadero amor y apreciación por él. No era un sentimiento que había buscado por obligación, sino uno que surgía de manera natural. La renovación interna del evangelio me impulsaba hacia afuera en amor y en servicio hacia mi vecino. La misión empezó a ser un gozo y no una carga.

Comprender la fuerza externa de la gracia del evangelio es crucial para nuestro entendimiento de la misión. Significa que la misión no es solo un deber (algo que "deberíamos hacer"), sino un desbordamiento de la obra del evangelio dentro de nosotros. Si no estás motivado a amar, servir y compartir el evangelio con los demás, la respuesta no es "hazlo de una vez". La respuesta es: examina tu corazón, arrepiéntete de pecado y discierne dónde tu incredulidad está obstaculizando el movimiento externo del evangelio. Conforme el evangelio renueve tu corazón, también renovará tu deseo de compartir tu fe con las personas a través de las oportunidades que Dios ponga en tu camino.

En palabras más simples, la gracia de Dios siempre está en marcha: se mueve hacia adelante, extendiendo el Reino, impulsando a su gente hacia el amor y el servicio a los demás. Conforme vamos aprendiendo a vivir a la luz del evangelio, la misión debería ser el "desbordamiento" natural. La gracia de Dios produce una renovación interna (en nosotros) que a su vez causa una renovación externa (a través de nosotros).

Lección 7

EJERCICIO

Llegando al corazón de la misión

EXAMINANDO TU CORAZÓN PARA LA MISIÓN

1. **Identifica una oportunidad misional en tu vida para la cual no estás motivado a hacer lo que "deberías" hacer.** Aquí tenemos algunas áreas para empezar a pensar: mostrar hospitalidad a tus vecinos; orar activamente y entablar conversación con tus compañeros de trabajo; compartir el evangelio con algún miembro de tu familia; servir a alguien que está en la pobreza; dar generosamente; ser el líder espiritual como esposo(a) o como padre (o madre); defender una perspectiva bíblica sobre algún asunto en particular.
2. **En esta situación en particular, ¿qué problemas obstaculizan tu corazón para tomar una acción correctamente motivada?** Mientras oras y reflexionas sobre la raíz de tu inactividad, ¿qué es lo que disciernes? Sé tan específico y minucioso como puedas al identificar las cosas que te impiden expresar a los demás el amor centrado en el evangelio.
3. **Arrepentimiento:** ¿Qué pecado puedes ver en ti mismo del cual necesitas arrepentirte? **Fe:** ¿Cuáles son las promesas o las verdades específicas del evangelio que no estás creyendo de todo corazón?

LECCIÓN

8

El perdón

IDEA CENTRAL
El evangelio que trabaja *en* nosotros siempre trabaja *a través* de nosotros. Muestra su poder en nuestras relaciones interpersonales y acciones. Una de las formas clave en que esto sucede es cuando perdonamos a otros de la manera bíblica.

Lección 8

ARTÍCULO

El evangelio nos da poder para perdonar

Perdonar a la gente que nos ha lastimado es una de las cosas más difíciles de hacer en la vida. Y mientras más profunda es la herida, mayor es el reto. Con frecuencia nos sentimos confundidos por lo que el verdadero perdón debería ser. ¿Debemos "perdonar y olvidar"? ¿Es posible hacer eso? ¿Qué es exactamente lo que significa "amar a nuestros enemigos"? ¿Qué de la persona que abusó de mí sexualmente? ¿O del jefe que salió adelante en su carrera a mis expensas? ¿O de mi esposo(a) que me engañó? ¿O del amigo que habló de mí a mis espaldas y dañó mi reputación?

Hemos visto que cuando el evangelio realmente penetra *en* nosotros, empieza a trabajar *a través de* nosotros. El perdón es un área donde el evangelio "tiene que trabajar" en nuestras vidas. De hecho, perdonar a otros no es posible a menos que estemos viviendo a la luz del perdón de Dios en nosotros. Así que consideremos cómo el evangelio nos dirige al perdón.

El evangelio empieza con Dios alcanzándonos. Dios toma la iniciativa, aunque Él sea la parte ofendida. Él actuó para reconciliarnos en esta relación cuando aún éramos Sus enemigos (Romanos 5:10). Nuestro pecado nos había separado de Él (Isaías 59:2). Él tenía todo el derecho de condenarnos, resistirnos y romper la relación, pero no lo hizo. En lugar de ello, nos alcanzó:

"Cuando todavía éramos pecadores, Cristo murió por nosotros" (Romanos 5:8).

Sin embargo, la reconciliación con Dios requiere nuestro arrepentimiento. Al perdonar nuestro pecado, Dios extiende el *ofrecimiento* de la reconciliación, pero la reconciliación no está completa hasta que nos arrepentimos y recibimos Su perdón por fe. Nota cómo ambas dinámicas se reflejan en 2 Corintios 5:19-20: "En Cristo, Dios estaba reconciliando al mundo consigo mismo, no tomándole en cuenta sus pecados y encargándonos a nosotros el mensaje de la reconciliación. Así que somos embajadores de Cristo, como si Dios los exhortara a ustedes por medio de nosotros: 'En nombre de Cristo, les rogamos que se reconcilien con Dios'".

La Escritura le da todo el crédito, la gloria y la alabanza a Dios por nuestra salvación, porque es solo por Su buena iniciativa que somos capaces de responder (Efesios 2:8-9). Pero nuestra respuesta de arrepentimiento y fe es esencial. La salvación no es universal. Solo aquellos que se arrepienten y reciben el ofrecimiento de Dios serán reconciliados con Él. Así que podríamos resumir el perdón de Dios de esta manera: alcanzándonos, Dios nos invita y nos capacita para alcanzarlo. El evangelio inicia con Dios (la parte ofendida) alcanzándonos a nosotros (los ofensores). Él cancela nuestra deuda y abre una oportunidad de reconciliación. Si reconocemos nuestro pecado y nos arrepentimos, somos reconciliados y podemos experimentar el gozo y el deleite de nuestra relación con Él.

¿Qué significa, entonces, que podemos perdonar a otros como Dios nos ha perdonado? Después de todo, esto es lo que la Biblia nos manda: "Más bien, sean bondadosos y compasivos unos con otros, y perdónense mutuamente, así como Dios los perdonó a ustedes en Cristo" (Efesios 4:32). La Escritura asume que si verdaderamente hemos experimentado el perdón en el evangelio, estaremos radicalmente perdonando a los demás. En contraste, no perdonar, o tener resentimiento o amargura hacia los demás, es un rasgo muy claro de que no estamos viviendo el gozo profundo ni la libertad del evangelio.

El perdón que otorgamos a otros es el reflejo del perdón que Dios nos ha dado. Tenemos que tomar la iniciativa: "Por lo tanto, si estás presentando tu ofrenda en el altar y allí recuerdas que tu hermano tiene algo contra ti,

Lección 8: Artículo

deja tu ofrenda allí delante del altar. Ve primero y reconcíliate con tu hermano; luego vuelve y presenta tu ofrenda" (Mateo 5:23-24). Debemos ofrecer el perdón y abrir la puerta para la reconciliación. Pero la reconciliación depende siempre del arrepentimiento de la otra persona. El autor y consejero cristiano Dan Allender ha sugerido una útil analogía: "El perdón involucra un corazón que cancela la deuda, pero no presta más dinero hasta que se lleva a cabo el arrepentimiento"[1]. Como Dios, tomamos la iniciativa para acercarnos a aquellos que nos han ofendido y les invitamos a acercarse a nosotros en arrepentimiento.

Lo que esto significa es que nuestro trabajo no concluye una vez que hemos perdonado a alguien. El deseo de nuestro corazón no es simplemente perdonar la ofensa; es, en última instancia, ver a la otra persona reconciliada con Dios y con nosotros. Queremos ver destruido el poder del pecado sobre la persona. No podemos hacer que esto suceda, pero sí podemos orar por ello, anhelarlo y acogerlo. ¿Dónde encontramos el poder para hacer esto? Después de todo, el solo hecho de perdonar a alguien que nos ha herido profundamente es lo suficientemente difícil. ¿Cómo encontramos la gracia y la fuerza para anhelar la restauración?

Evidentemente la respuesta es el evangelio. El evangelio no solo nos muestra cómo perdonar, también nos imparte el poder para hacerlo. Cuando decimos: "No puedo perdonar a esta persona por lo que me hizo", estamos esencialmente diciendo: "El pecado de esa persona es más grande que el mío". La conciencia que tenemos de nuestro propio pecado es muy pequeña, mientras que la conciencia que tenemos del pecado de otros es enorme. Nuestro sentimiento más profundo es que *nosotros* sí merecemos ser perdonados, pero la persona que nos ha ofendido no. Estamos viviendo con una perspectiva limitada de la santidad de Dios, con una perspectiva limitada de nuestro propio pecado y con una perspectiva limitada de la cruz de Jesús.

Pero cuando abrazamos la perspectiva del evangelio de nuestro propio pecado, reconocemos que la deuda del pecado que Dios nos ha perdonado es más grande que cualquier pecado que ha sido cometido en contra nuestra. Y conforme vamos creciendo en nuestra conciencia de la santidad de Dios,

---

[1] Dr. Dan B. Allender y Dr. Trempler Longman III, *Bold Love* (Colorado Springs: NavPress, 1992), 162.

empezamos a ver más claramente la distancia entre Su perfección y nuestra imperfección. Mientras el significado de la obra de Jesús en la cruz crece en nuestras conciencias, nuestra voluntad y habilidad por buscar la restauración con otras personas también crecerá. Después de todo, si Dios perdona la ofensa masiva de nuestro pecado, ¿cómo es que no podemos perdonar el pecado de otros que, aunque severo, palidece en comparación con nuestra propia culpa delante de un Dios santo y justo?

El perdón es costoso. Significa cancelar una deuda cuando sentimos que tenemos todo el derecho de reclamar un pago. Significa absorber el dolor, el daño, la vergüenza y la aflicción del pecado de alguien sobre nosotros. Significa anhelar el arrepentimiento y la restauración. Pero así es exactamente como Dios ha actuado para con nosotros en Jesucristo. Y a través del evangelio, el Espíritu Santo nos da poder para hacer lo mismo con otros.

Lección 8

EJERCICIO

Llegando al corazón del perdón

TAREA

(Responde las siguientes preguntas antes de la próxima reunión. Necesitarás otra hoja de papel para contestarlas por escrito.)

1. Piensa en una o dos personas a quienes necesitas perdonar (o perdonar más profundamente). Si no puedes pensar en alguien, pídele a Dios que traiga a tu memoria un nombre. Estos son algunos escenarios y sentimientos que pueden ayudarte: una persona de la que te has distanciado, gente con quien te sientes incómodo, gente de quien ya no disfrutas su compañía, conflictos relacionales que mantienes vivos en tu memoria, alguien que dijo o hizo algo que te hirió; sentimientos de enojo, amargura, irritación, temor o chisme, o un espíritu crítico.

   Escribe uno o dos nombres de personas que vienen a tu mente.

2. ¿Qué es lo que más te irrita o te perturba de esa persona?

La vida centrada en el evangelio

3. ¿Qué situaciones de "justicia" existen en esta situación? ¿Qué mal te ha hecho esta persona, cómo te ha lastimado o cómo ha pecado contra ti?
4. ¿Qué condiciones le pones instintivamente a esta persona para que puedas verdaderamente perdonarla? En otras palabras, ¿qué es lo que tu corazón exige de esta persona antes de liberarla de su culpa? ¿Qué te gustaría que esta persona dijera o hiciera?
5. Describe tu propia deuda delante de Dios. ¿Cómo es tu deuda mayor que la deuda de las personas que has enlistado (y aun así ha sido cancelada y perdonada)? No te apresures a contestar esta pregunta. Toma tu tiempo para describir tu endeudamiento según las formas específicas en que el pecado se manifiesta en tu vida.
6. ¿Cómo es que la forma de relacionarte con estas personas refleja una perspectiva estrecha de tu propia deuda con Dios y una perspectiva estrecha del perdón de Cristo?

LECCIÓN

9

El conflicto

IDEA CENTRAL
El conflicto es algo que todos experimentamos regularmente, pero frecuentemente lidiamos con él de formas muy pecaminosas. El evangelio nos da un patrón y nos da los medios para la resolución saludable de conflictos.

Lección 9

ARTÍCULO

El evangelio nos ayuda a luchar con justicia

Hemos visto que el evangelio nos renueva internamente, y también nos impulsa hacia afuera para renovar nuestras relaciones interpersonales. Nada es más común entre las relaciones interpersonales que el conflicto. Si el evangelio no está influyendo en la manera en que manejamos el conflicto, ¡es muy probable que no haya calado demasiado hondo! En este artículo consideraremos cómo el evangelio nos ayuda a luchar con justicia.

Piensa en una discusión que hayas tenido recientemente con tu esposo(a), un miembro de la familia o un compañero de trabajo. Ahora, deja a un lado las circunstancias de la discusión (la razón por la que se dio, cómo te hizo sentir, quién tenía la razón y quién no) y toma unos minutos para reflexionar sobre tus acciones durante el conflicto. Seguramente tu comportamiento encaja en una de dos categorías.

Algunas personas son **atacantes**. Les gusta estar a la ofensiva. Le dan un alto valor a la justicia, así que les importa mucho quién tiene la razón y quién no. Esta es una lista de características que puede indicarte si tienes el perfil de un atacante:

- Le das rienda suelta a tu enojo o frustración.

- Argumentas tu caso apasionadamente.
- Formulas preguntas como: "¿Y cómo lo sabes?", o: "¿Puedes comprobarlo?".
- Quieres seguir discutiendo hasta el final.
- Examinas las cosas en detalle como un abogado para llegar a la raíz del conflicto.
- Ganar la batalla es más importante que amar al oponente.
- Diriges la discusión para enfocarte en la otra persona, aunque tú hayas sido el punto de inicio.

Al otro extremo tenemos a **los que se retiran**. Las personas con esta tendencia son propensas a estar a la defensiva. Suelen ignorar o evitar el conflicto y, cuando se hallan bajo presión en medio de una discusión, responden con un silencio malhumorado o con una pasividad apática. Si eres de los que se retiran, quizás reconozcas algunos de estos patrones:

- Tu forma de lidiar con el enojo o la frustración es oprimiéndola.
- Tienes tus opiniones pero te las guardas a fin de "mantener la paz".
- Haces preguntas como: "¿Tenemos que hablar de esto ahora?", o: "¿Tanto importa?".
- Prefieres evitar una discusión antes que ganarla.
- Cuando te encuentras en medio de una discusión, literalmente tienes que alejarte porque "necesitas tu espacio".

Estas son formas típicas en que respondemos al desacuerdo, la frustración, la ofensa y el daño. El hecho de que estas respuestas se consideran "normales" (o naturales) es una clave que indica que no son bíblicas (o sobrenaturales).

Entonces, ¿cómo resolvemos los conflictos de una manera bíblica? Veamos el desacuerdo que tuvieron Pablo y Pedro en Gálatas 2. Esta discusión surgió mientras la iglesia primitiva se expandía más allá de Jerusalén y muchos gentiles se convertían a la fe en Jesús. Los judíos cristianos importaron algunas de sus prácticas tradicionales a la adoración de Jesús. Los gentiles, por otro lado, no tenían lealtad a las costumbres judías, tales como la circuncisión o las reglas dietéticas.

Lección 9: Artículo

Pedro, un judío, entendió el evangelio lo suficientemente bien como para aceptar sin reservas a los nuevos creyentes gentiles (Hechos 10:9-48). Pero su aplicación del evangelio fue probada cuando se encontró entre una mezcla de personas. Algunos maestros judíos legalistas habían empezado a imponer leyes y costumbres judías a los gentiles convertidos. En cierta ocasión Pedro estaba en Antioquía comiendo en compañía de los gentiles, y al llegar estos maestros legalistas, Pedro empezó a aislarse de los gentiles.

Los intentos de Pedro por apaciguar a los judíos legalistas agravaron el problema porque hacían ver que él estaba de acuerdo con sus creencias. Incluso al final Bernabé se unió a la causa de Pedro. Estos dos hombres cayeron en la hipocresía, profesando ser uno con los gentiles en Cristo pero actuando de maneras que destrozaban esa unidad.

Cuando Pablo observó este comportamiento, sabía que no podía ignorar la situación ni retirarse de ella. Estaba en juego algo muy valioso. Pero también tenía que abordarlo de manera correcta. Enfadarse descontroladamanete no traería la clase de reconciliación que él quería. Aunque este pasaje no nos brinda todos los detalles, la descripción de la interacción entre Pablo y Pedro es un buen ejemplo de cómo abordar el conflicto cuando estamos centrados en el evangelio:

> *Pues bien, cuando Pedro fue a Antioquía, le eché en cara su comportamiento condenable. Antes que llegaran algunos de parte de Jacobo, Pedro solía comer con los gentiles. Pero, cuando aquellos llegaron, comenzó a retraerse y a separarse de los gentiles por temor a los partidarios de la circuncisión. Entonces los demás judíos se unieron a Pedro en su hipocresía, y hasta el mismo Bernabé se dejó arrastrar por esa conducta hipócrita. Cuando vi que no actuaban rectamente, como corresponde a la integridad del evangelio, le dije a Pedro delante de todos: "Si tú, que eres judío, vives como si no lo fueras, ¿por qué obligas a los gentiles a practicar el judaísmo?". (Gálatas 2:11-14)*

Nota estos aspectos en las acciones de Pablo:

La vida centrada en el evangelio

PABLO SE ACERCÓ A PEDRO PÚBLICAMENTE. No evitó encontrarse con Pedro, no chismeó sobre él ni intentó intimidarlo, sino que lo confrontó. Pablo fue directamente a la persona con quien tenía el conflicto. En este caso la confrontación fue hecha en público. Esto no es siempre necesario, pero puesto que en este caso el pecado era público y había tenido grandes consecuencias, Pablo se aseguró de que la confrontación fuera de acuerdo con la situación.

LA MOTIVACIÓN DE PABLO NO ERA DE AUTODEFENSA NI DE INTERESES EGOÍSTAS, SINO DE DEFENDER EL EVANGELIO. "Vi que no actuaban rectamente, como corresponde a la integridad del evangelio" (Gálatas 2:14). La preocupación de Pablo por el evangelio y las relaciones interpersonales en el cuerpo de la iglesia pesaron más que la tentación de atacar o de retirarse.

PABLO PRESENTÓ EL ASUNTO CLARAMENTE Y DIO PIE A QUE PEDRO RESPONDIESE. "Si tú, que eres judío, vives como si no lo fueras, ¿por qué obligas a los gentiles a practicar el judaísmo?" (Gálatas 2:14).

Esta clase de confrontación centrada en el evangelio refleja cómo Dios se acerca a nosotros. Dios no dejó caer Su ira sobre nosotros (atacar) ni se alejó de nosotros (retirarse). En lugar de ello, vino en sacrificio hacia nosotros en la persona de Jesús, lleno de gracia y de verdad. Jesús confrontó el pecado, nos invitó a tener una relación personal con Él y proveyó una forma de reconciliación. Así que el evangelio nos provee del patrón bíblico para la resolución de conflictos. Tenemos una motivación adecuada (amor), confianza (fe) y medios para resolver el conflicto (gracia y verdad).

El evangelio nos llama a arrepentirnos de nuestros patrones pecaminosos de ataque o de retirada. Y el evangelio nos da poder para resolver el conflicto en fe, con una intención humilde y confiada que glorifica a Dios. Podemos renunciar a la forma "normal" de tomar cartas en el asunto y actuar de acuerdo con el evangelio.

Lección 9

EJERCICIO

La resolución de conflictos centrada en el evangelio

El recuadro de la siguiente página resume las diferencias entre atacar y retirarse, contrastándolas con el enfoque centrado en el evangelio para la resolución de conflictos. No todo lo del recuadro se aplica a todas las personas ni a todos los conflictos, así que es mejor enfocarse en las descripciones que son relevantes y pertinentes para tu caso personal. La meta es ayudarte a identificar cuál es la raíz de los patrones de conflicto no saludables en tu vida y proveer un camino claro hacia la resolución bíblica.

La vida centrada en el evangelio

ASPECTO	ATACAR	RETIRARSE	EVANGELIO
FUNDAMENTO DEL CORAZÓN	Autojusticia	Inseguridad	Arrepentimiento, perdón
FUENTE DE PODER	El orgullo	El temor	El Espíritu Santo
COMPROMISO	Tener la razón	Evitar el conflicto	Entender y abordar
DIRECCIÓN	Argumentar o dominar	Negar o aplacar	Transmitir e invitar
SENTIMIENTO	La vida es segura	La vida es menos dolorosa	La vida es un reto
META	Autoprotección	"Paz"	La gloria de Dios, el bien de otros
RESULTADO	Dolor, división	Amargura, separación	Sanidad, reconciliación

¿Cómo sueles reaccionar ante el conflicto: tiendes al ataque o a la retirada? ¿Con cuál de las descripciones del recuadro te identificas?

UN ENFOQUE AL CONFLICTO CENTRADO EN EL EVANGELIO

A continuación explicaremos en términos generales el proceso para abordar el conflicto de una manera centrada en el evangelio. Cada aspecto enlistado está acompañado de algunas preguntas que te ayudarán a evaluar tus tendencias en esa área. Quizás recordarás experiencias pasadas, o incluso un conflicto actual. Recuerda que la meta es reconocer los patrones no saludables de tu vida y practicar más efectivamente el evangelio.

1. **EL FUNDAMENTO DEL CORAZÓN:** Identifica tu tendencia ya sea hacia la autojusticia o hacia la inseguridad. ¿Eres propenso a estar a la defensiva, o culpar a otros, o pensar que tú tienes la razón (autojusticia)? ¿Tiendes a albergar enojo o chisme, o cubres las cosas

Lección 9: Ejercicio

con tal de evitar la confrontación (inseguridad)? Confiesa estas cosas como pecado delante de Dios y delante de los que están involucrados en la situación.

2. **FUENTE DE PODER:** Reconoce qué es lo que te lleva a atacar o a retirarte. ¿Estás preocupado por quedar mal, por equivocarte, por romper la paz, por la desaprobación de otros? En fe, afirma tu confianza en el poder del Espíritu Santo para liberarte de esos pecados de orgullo y temor.

3. **COMPROMISO:** Ponte en contacto con aquellos con quienes necesitas reconciliarte. Para ayudarte en este punto, identifica qué es lo que tiendes a buscar en lugar de solucionar el conflicto (¿tener la razón, sentirte "seguro", estar cómodo?). Luego rechaza estos elementos como falsos y destructivos.

4. **DIRECCIÓN:** Al contactar y acercarte a la persona con la que tienes el conflicto, habla honesta y respetuosamente sobre tus sentimientos y pensamientos, e invita a la otra parte a hacer lo mismo. ¿Se entienden el uno al otro? ¿Qué es lo que usualmente se interpone para darte a entender y para comprender a la otra persona (enojo, argumentación, deshonestidad, timidez, suposiciones que haces sobre otros, etc.)?

5. **SENTIMIENTO Y META:** Habla con la otra persona de lo que les va a costar a ambas partes resolver el conflicto. Especifiquen cuáles son los pasos que seguirán para llegar a una resolución. Oren a Dios que Su voluntad sea hecha (Su gloria y el bienestar de ambos). Pídele que te dé la capacidad de pagar el precio para la resolución, agradeciéndole por pagar el precio supremo de muerte para resolver de raíz el conflicto fundamental de nuestra rebelión pecaminosa.

Guía del líder

DE LOS AUTORES

Dios nos ha dado el privilegio de fundar una iglesia maravillosamente desordenada, donde se relacionan cristianos maduros, nuevos creyentes y muchos no cristianos y escépticos. La estructura de nuestra iglesia se compone de grupos formados por estas personas. A estos grupos se les llama *comunidades misionales* (algo así como un grupo pequeño o una célula, aunque son completamente diferentes). La idea de estas comunidades misionales es formar un pequeño grupo de cristianos viviendo juntos la misión e invitando a sus amigos no cristianos a unirse a la conversación e interacción sobre el evangelio de Jesús. Esto parecía una buena idea hasta que empezamos a hacerlo. Rápidamente, descubrimos dos grandes problemas:

1. La mayoría de los materiales tradicionales sobre "la iglesia de grupos pequeños" o "células" está escrito para una audiencia cristiana, y los no cristianos se relacionan con dicha audiencia de la misma forma en que un ganadero se identifica con un vegetariano.

2. Muchos cristianos tienen una comprensión débil y anémica del evangelio, así que pedirles que hablen acerca del poder transformador del evangelio es como pedirle a un joven rockero que describa los elementos más finos de la obra de Mozart.

Así que escribimos *La vida centrada en el evangelio* para formar el "ADN del evangelio" en nuestra iglesia, de tal forma que fuera accesible tanto para cristianos como para no cristianos.

La vida centrada en el evangelio tiene la intención de ayudar a los cristianos a entender cómo el evangelio da forma a cada aspecto de la vida y de la conducta. Colosenses 1:6 dice que el evangelio es algo "que lleva fruto y crece" en y entre nosotros, aun después de que lo creímos. ¿Cómo es que esto sucede? ¿Por qué un continuo redescubrimiento y aplicación del evangelio es algo tan importante? ¿Cómo será truncado nuestro crecimiento personal y nuestra vida misional si no comprendemos profundamente el evangelio? Estas son las preguntas que *La vida centrada en el evangelio* busca responder.

ACERCA DE ESTE ESTUDIO

La ventaja más grande de *La vida centrada en el evangelio* es su flexibilidad. Es apropiado para contextos misionales de fundación de iglesias, para iglesias establecidas y para ministerios estudiantiles o paraeclesiales. Crea un buen diálogo tanto entre grupos de cristianos maduros como entre los nuevos creyentes o los no cristianos. Puede ser dirigido por un experimentado líder de grupos pequeños o por un estudiante universitario. Y ya que los conceptos son básicos y bíblicos, se adapta fácilmente a los contextos culturales (ya ha sido utilizado por estudiantes universitarios, por refugiados africanos y por las iglesias en casas en China).

LA VIDA CENTRADA EN EL EVANGELIO ES IDEAL PARA:

1. Pastores y líderes que quieren incentivar la renovación del evangelio en sus iglesias y ministerios.
2. Fundadores de iglesias que quieren formar el ADN del evangelio en las iglesias que están iniciando.
3. Estudiantes o ministerios estudiantiles que están buscando vivir el evangelio en la universidad.
4. Cristianos que quieren ser transformados más profundamente por el evangelio.

5. Líderes de grupos pequeños que están buscando temas que "funcionen" entre diversos grupos de personas.
6. Misioneros que están buscando material sencillo para discipular a los nuevos creyentes.

CÓMO USAR ESTE ESTUDIO

Cada lección está diseñada para trabajarse en una hora. Si tu grupo tiene más tiempo disponible, puedes simplemente extenderte un poco más en el diálogo y en las secciones de ejercicios. Nuestra experiencia nos ha mostrado que este contenido frecuentemente da oportunidades para conversaciones sustanciales y profundas que pueden fácilmente durar más de una hora. Así que planea como corresponde y asegúrate de mantener el tiempo de acuerdo con el compromiso que el grupo haya hecho.

Ya que *La vida centrada en el evangelio* está diseñada como una introducción a las dinámicas de renovación del evangelio, no se requiere trabajo extra del participante. Cada persona simplemente recibirá en su mano una copia de la lección de la Guía del participante. El contenido con frecuencia estimulará la reflexión durante los días siguientes, pero no se requiere ninguna preparación para las lecciones posteriores.

Asimismo, no se asume que el líder de grupo sea un teólogo experto o un cristiano de años. La Guía del líder provee instrucciones y contenido para ayudar al líder a gestionar el tiempo disponible por el grupo. Este material también proporciona el contenido para el estudio, así que no es necesario que el líder de grupo "enseñe". Solo tiene que relajarse y guiar una buena conversación.

Lección 1

GUÍA DEL LÍDER

El marco del evangelio

PANORAMA DE LA LECCIÓN

I. Conversación bíblica	Leer y hablar sobre el/los pasaje(s) [10 min.]
II. Artículo	Leer juntos *El marco del evangelio* [10 min.]
III. Diálogo	Asimilar los conceptos juntos [15 min.]
IV. Ejercicio	Aplicar los conceptos usando un ejercicio específico [15 min.]
V. Cierre	Reflexiones finales y oración [5 min.]

CONVERSACIÓN BÍBLICA *10 minutos*

En esta lección nos estaremos enfocando en dos conceptos principales: la santidad de Dios y nuestra naturaleza pecaminosa. Los pasajes recalcan estos conceptos. La meta de hoy no es decir todo lo que hay que decir sobre estas ideas. La meta es simplemente que la conversación sea dirigida con miras a establecer un fundamento bíblico para los conceptos que se desarrollarán a lo largo del diálogo.

PREPARACIÓN Básicamente, vamos a hablar de dos conceptos: Cómo vemos a Dios y cómo nos vemos a nosotros mismos. Cuando tiene que ver con la manera en que vemos a Dios, existe un abanico de opiniones. En un extremo, vemos algunas personas que tienen una opinión muy elevada sobre

Lección 1: Guía del líder

Dios, hasta el punto de creer que Él es un ser "lejano" que no se involucra en nuestras vidas. En el otro extremo, nos encontramos con personas que tienen un concepto muy personal de Dios, hasta el punto de creer que Él es como su mejor amigo y, por tanto, Su santidad se pierde de vista. Lo mismo sucede en cuanto a la opinión sobre nosotros mismos: las opiniones varían desde la idea de que somos en esencia buenos hasta la idea de que somos en esencia malos. Veamos cómo nos posicionamos en cuanto a cada una de las siguientes preguntas.

PREGUNTA ¿Hacia qué lado del abanico te inclinas a la hora de pensar en Dios? ¿Es Él tan grande y majestuoso que se aparta de nosotros, o tan personal que casi ni piensas en Su santidad?

PREGUNTA ¿Cuál de estas dos ideas representa mejor tu perspectiva de nosotros como personas: somos en esencia buenos o somos en esencia malos?

Veamos los dos pasajes bíblicos que hablan sobre estos conceptos. Las dos preguntas principales que debemos considerar al leer estos versículos son: (1) ¿Qué es lo que dice acerca de Dios? y (2) ¿Qué es lo que dice acerca de mí?

LEER El primer pasaje es Isaías 55:6-9. (Haz que alguien lea el pasaje en voz alta).

PREGUNTA ¿Cuál es tu primera reacción a lo que dice este pasaje? Para ti, ¿qué es lo que destaca? ¿Qué es lo que dice sobre Dios? ¿Qué es lo que dice sobre nosotros?

LEER El siguiente pasaje es Jeremías 17:9-10. (Haz que alguien lea el pasaje en voz alta).

PREGUNTA ¿Cuál es tu primera reacción a lo que dice este pasaje? ¿Qué es lo que más te llama la atención? ¿Qué es lo que dice sobre Dios? ¿Qué es lo que dice sobre nosotros?

TRANSICIÓN AL ARTÍCULO Estos pasajes nos presentan la perspectiva bíblica de la santidad de Dios y nuestra naturaleza pecaminosa. Para entender mejor estas ideas, leamos juntos el artículo. Vamos a leerlo en voz alta; cada persona leerá un párrafo. Después mira las preguntas de reflexión que te ayudarán a asimilar mejor los temas que están viendo.

ARTÍCULO 10 minutos

Este artículo da por sentado que tu grupo está algo familiarizado con el evangelio. Si crees que no es así, considera leer junto a tu grupo La perspectiva general del evangelio *antes de continuar con la lectura de esta lección. Extenderá el estudio alrededor de 10 minutos, pero valdrá la pena.*

Leer el artículo juntos tiene dos propósitos: (1) Explicar los conceptos claves para que todos en el grupo tengan tanto un lenguaje como entendimiento común. (2) Ayudar a mantenernos enfocados durante el diálogo. Recuerda: estás tratando de ayudar a tu grupo a aprender del evangelio en relación con nuestras vidas reales. En muchos casos, la gente no habla del evangelio ni de sus vidas porque simplemente no tiene mucho por decir. Este artículo nos provee de material para hablar.

Pide a tu grupo encontrar el artículo *El marco del evangelio* en la Guía del participante y léanlo juntos en voz alta, un párrafo por persona.

TRANSICIÓN AL DIÁLOGO El artículo cuenta con muy buenos puntos a considerar. Mientras hablamos de ellos, enfoquémonos en entender los conceptos que se relacionan con nuestras vidas. Si hay algo que no se entiende, por favor, anima a tu grupo a preguntar, así podemos aprender todos juntos. Haz preguntas que les ayuden a todos a aplicar el material a sus vidas.

Lección 1: Guía del líder

DIÁLOGO 15 minutos

Estas preguntas tienen el objetivo de ayudar al grupo a hablar del gráfico de la cruz. Aquellos que no lo entiendan tendrán la oportunidad de comprenderlo en comunidad, y aquellos que "lo entiendan" se beneficiarán al aprender cómo articularlo. Quizá quieras hacer más preguntas sobre la marcha.

1. **Hagamos un resumen** de las ideas principales del artículo.

   PREGUNTA ¿Cuáles son las implicaciones de ver el evangelio únicamente como la "entrada" a la vida cristiana?

   PREGUNTA ¿Cuáles son las dos cosas que tienen que seguir creciendo mientras vamos madurando en la fe?

   PREGUNTA ¿Cuáles son las dos maneras en las que "reducimos la cruz"?

2. **Personalicemos** los conceptos.

   PREGUNTA ¿Cómo has visto que tu perspectiva de Dios ha cambiado y crecido en este último año (la línea inferior del gráfico)? ¿Cómo sucedió este cambio o crecimiento?

   Algunas veces es difícil identificar las formas en que minimizamos y justificamos nuestro pecado (la línea inferior del gráfico). Ve al suplemento *Seis maneras de minimizar el pecado* en la Guía del participante. Léanlo juntos y hablen de hasta qué punto nos sentimos identificados con estas descripciones.

   PREGUNTA ¿En cuáles de estas tendencias caes con mayor frecuencia? (Pide a cada persona que comparta con cuál se identifica).

   PREGUNTA ¿Puede alguien del grupo compartir un ejemplo reciente de cómo minimizó o justificó su pecado de una de estas formas?

La vida centrada en el evangelio

TRANSICIÓN AL EJERCICIO Estamos hablando de algunos conceptos muy importantes que iremos explorando en las siguientes dos sesiones. Esto es muy bueno. Para terminar, tenemos un ejercicio que nos ayudará a aplicar lo que hemos considerado a un área específica de nuestra vida que todos tenemos que tratar. Entrega copias del ejercicio "Juzgando a los demás" a cada persona del grupo.

EJERCICIO *15 minutos*

El propósito del ejercicio es aplicar el gráfico de la cruz a un asunto específico que nos ayudará a todos a ver (1) cómo el pecado tiene como raíz una perspectiva estrecha del evangelio y (2) cómo una perspectiva amplia del evangelio nos ayuda a vencer el pecado. Nota: No todos necesitan contestar cada pregunta en voz alta, pero trata de que todos participen durante el ejercicio.

PREPARACIÓN Hablemos del asunto de juzgar a los demás. Todos hacemos esto de diferentes maneras. Empecemos con una lluvia de ideas para hacer una lista de las diferentes formas en que juzgamos a otros. Aunque sean los pequeños juicios que hacemos a diario, habla con tu grupo: "¿Cuáles son algunas formas específicas en que juzgamos a otros?".

Haz una lista de la manera en que juzgamos a otros con las respuestas que el grupo comparte.

Así es como juzgamos a otros. Hablemos ahora del porqué actuamos así.

PREGUNTA ¿Cuáles son las razones por las que juzgamos a otros? Hagamos una lluvia de ideas.

PREGUNTA ¿Cómo es que estas razones reflejan una perspectiva estrecha de la santidad de Dios?

Lección 1: Guía del líder

PREGUNTA ¿Cómo es que estas razones reflejan una perspectiva estrecha de nuestro propio pecado?

Bien, hagámoslo personal. Piensa en una persona en especial en tu vida a la que juzgas frecuentemente.

PREGUNTA ¿Cómo una perspectiva más amplia de la santidad de Dios afectaría esa relación?

PREGUNTA ¿Cómo una perspectiva más amplia del pecado afectaría esa relación?

TRANSICIÓN AL CIERRE Puedes terminar así: "Gracias por compartir. Este tiempo ha sido realmente bueno. Vamos a seguir trabajando con estos conceptos en las siguientes semanas. Antes de terminar, ¿alguien tiene alguna pregunta o comentario?… Pasemos unos minutos juntos en oración. Alguien podría iniciar orando, y después de unos minutos yo termino".

CIERRE *5 minutos*
Preguntas, comentarios y oración.

Lección 2

GUÍA DEL LÍDER

Aparentando y cumpliendo

PANORAMA DE LA LECCIÓN

I. Conversación bíblica	Leer y hablar sobre el/los pasaje(s) [10 min.]
II. Artículo	Leer juntos *Reduciendo la cruz* [10 min.]
III. Diálogo	Asimilar los conceptos juntos [15 min.]
IV. Ejercicio	Aplicar los conceptos usando un ejercicio específico [15 min.]
V. Cierre	Reflexiones finales y oración [5 min.]

CONVERSACIÓN BÍBLICA 10 minutos

Cada uno de estos pasajes ilustra una justicia falsa. Primero, un fariseo con aires de superioridad moral puede ver el pecado de otros, pero no ve su propio pecado. Luego, un joven busca alcanzar la vida eterna guardando la ley. Quizás sean historias familiares para algunos, así que tendrás que esforzarte para que las personas las lean de forma honesta.

PREPARACIÓN Vamos a leer dos historias en Lucas 18 (mejor dicho, una parábola y una historia). Lee con tu grupo la parábola primero. Es bastante clara, así que léanla y después contesten unas preguntas acerca de ella.

Lección 2: Guía del líder

LEER La parábola está en Lucas 18:9-14. (Pídele a alguien que la lea en voz alta).

PREGUNTA Mientras leíamos, ¿con cuál de los dos personajes te sentías más identificado? ¿Cuál de los dos puntos de vista se acerca más al tuyo? ¿Por qué?

PREGUNTA ¿Qué es lo que te gusta o no te gusta de la idea de ser como el fariseo?

PREGUNTA ¿Qué es lo que te gusta o no te gusta de la idea de ser como el recaudador de impuestos?

PREGUNTA ¿Por qué el fariseo es "el malo" en esta parábola? ¡Las cosas que él hace no son malas!

LEER La historia comienza en el versículo 18. (Que alguien lea el pasaje de Lucas 18:18-23 en voz alta.)

PREGUNTA ¿Cómo describirías el concepto de Dios que tenía este hombre?

PREGUNTA ¿Cómo describirías el concepto que tenía de sí mismo?

TRANSICIÓN AL ARTÍCULO Estos dos pasajes revelan nuestra tendencia a tener conceptos mucho más elevados sobre nosotros mismos de los que deberíamos tener, y a pensar mucho menos en Dios de lo que deberíamos. El artículo de esta lección llama estas tendencias "aparentar" y "cumplir". Léanlo juntos y luego asimilen cómo y por qué ocurre esto.

ARTÍCULO *10 minutos*

Algunos piensan que leer un artículo es demasiado formal. Estamos de acuerdo, pero también hemos visto el beneficio de conseguir que todos asimilen bien el tema y tengan un vocabulario en común. El artículo funciona "como leña al fuego" para mantener una conversación fluida. Sin él, solo tendrías mucho humo.

Pídele a tu grupo encontrar el artículo *Reduciendo la cruz* en la Guía del participante y léanlo juntos en voz alta. Haz que cada persona lea un párrafo.

DIÁLOGO 15 minutos

1. **Primero hablemos acerca de la línea superior** del gráfico.

   PREGUNTA ¿Alguna vez has sentido como si no quisieras conocer los mandatos de Dios por lo que podrían implicar para tu vida?

   PREGUNTA ¿Pensar acerca de la santidad de Dios te mueve a la alabanza o al temor?

   PREGUNTA ¿Cuál sería tu respuesta a la otra pregunta del artículo: "Al pensar Dios en ti ahora mismo, ¿cuál es la expresión de Su rostro"? ¿Por qué contestaste así? ¿Qué piensas que expresan las diversas respuestas sobre nuestro concepto de Dios?

2. **Ahora hablemos de la línea inferior** del gráfico.

   PREGUNTA ¿Cómo te hace sentir ver la profundidad de tu "avería" o que otros te vean tal como eres? ¿Te sientes inseguro o dispuesto? ¿Por qué?

   PREGUNTA ¿Te gusta ser confrontado con tu pecado, o se siente como un peso aplastante?

   PREGUNTA ¿Cómo responderías a la pregunta del artículo: "¿En qué te basas para darte un sentimiento de 'credibilidad personal' (validez, aceptación o buena posición)"?

Lección 2: Guía del líder

PREGUNTA Observando los tipos de justicia que se describen en el artículo, ¿con cuál te identificas? ¿Por qué? ¿Cómo afecta esto tu relación con otras personas cercanas a ti?

TRANSICIÓN AL EJERCICIO Este ejercicio nos sirve para darnos cuenta de lo frecuente que son estas tendencias en todos nosotros, ¡y probablemente solo es la punta del témpano de hielo! Continuaremos hablando de estos conceptos conforme vamos avanzando. Como siempre, es importante tratar de entender estos conceptos de manera práctica, así que tengo un ejercicio que nos ayudará.

EJERCICIO: Lo bueno y lo malo *15 minutos*

1. **Busca** la página donde se encuentra el ejercicio *Lo bueno y lo malo*.

2. **Lee en voz alta** el primer párrafo. Después, pide a tu grupo que tome unos minutos para responder a las preguntas por separado.

PREGUNTA ¿Cuáles son algunas de las reglas que anotaste?

PREGUNTA ¿Cómo es que estas reglas moralmente neutrales llegan a ser asuntos morales en nuestras mentes?

PREGUNTA ¿Por qué piensas que tenemos un deseo tan grande hacia la "autojusticia"?

PREGUNTA ¿Cómo es que nuestras reglas reducen la cruz y no nos dejan ver nuestro pecado?

PREGUNTA ¿Qué diferencia práctica marcaría en tu vida recibir el sentimiento de justicia por parte de Jesús, en vez de recibirlo por parte de tus reglas?

PREGUNTA ¿Puedes pensar en alguien que te impone sus reglas? ¿Cómo te relacionas con esa persona en general? ¿Te sientes herido o sientes que no te quiere? ¿Intentas adaptarte a las reglas de esta persona para que te acepte?

CIERRE *5 minutos*
Preguntas, comentarios y oración.

Lección 3

GUÍA DEL LÍDER

Creyendo en el evangelio

PANORAMA DE LA LECCIÓN

	I. Conversación bíblica	Leer y hablar sobre el/los pasaje(s) [10 min.]
	II. Artículo	Leer juntos *Creyendo en el evangelio* [10 min.]
	III. Diálogo	Asimilar los conceptos juntos [15 min.]
	IV. Ejercicio	Aplicar los conceptos usando un ejercicio específico [15 min.]
	V. Cierre	Reflexiones finales y oración [5 min.]

CONVERSACIÓN BÍBLICA *10 minutos*

Este pasaje establece un fundamento bíblico para los conceptos en esta lección. Advertencia: esto es más como un ejercicio que se hace pasar por diálogo. Necesitas entender la meta si quieres dirigir la conversación de forma correcta, así que aquí te damos algunas pistas de cómo hacerlo. En este texto, Pedro dice que tenemos todo lo que necesitamos para la vida y la piedad (2 Pedro 1:3-4). Después, continúa haciendo una lista de muchas cosas que deberíamos estar haciendo a la luz de esta realidad (2:5-8). Termina la lectura del texto y pregúntale al grupo cómo se evalúan ellos mismos de acuerdo con esa lista. La mayoría de las personas expresará lucha. Después, pregúntales por qué esto supone un reto tan grande. Lo más probable es que hagan una lista de toda clase de explicaciones legítimas. Lo que muy rara vez se identifica como problema es precisamente lo que Pedro identifica en el versículo 9 como alejarse del evangelio. Este es el "remate", así que no lo digas hasta que hayas seguido los pasos y llegues al punto preciso. Esta realidad debería darnos una intensa sacudida.

PREGUNTA INTRODUCTORIA Puedes empezar así: "Vamos a ver un excelente pasaje, pero antes permítanme hacerles una pregunta: cuando se imaginan la clase de persona que quieren ser espiritualmente, ¿qué distintivos ven? Otra manera de preguntarlo es: ¿de qué forma(s) quieren crecer espiritualmente?".

TRANSICIÓN AL PASAJE Esta es una buena lista. Quizá podríamos resumir nuestros deseos como "llevar fruto y no estar ociosos en nuestra fe". Estas palabras son las que Pedro emplea en el pasaje que vamos a leer. Pedro desglosa un conjunto de directrices para la vida cristiana. Es como una trayectoria ascendente de madurez espiritual.

LEER Veamos el pasaje todos juntos. Se encuentra en 2 Pedro 1. (Que alguien lea 2 Pedro 1:3-8 en voz alta).

PREGUNTA Pedro dice en el versículo 8 que si hacemos las cosas mencionadas en los versículos del 5 al 7, llevaremos fruto y no seremos ociosos en cuanto a la fe (que es lo que realmente queremos). ¿Qué tal vas, en tu opinión, según esta lista? Si te compararas con las cualidades enlistadas aquí, ¿cómo calificarías tu progreso?

PREGUNTA ¿Por qué algunas veces es tan difícil crecer espiritualmente? ¿Cuáles son los retos a los que te enfrentas cuando tratas de poner en práctica la lista que Pedro menciona o cuando buscas llegar a ser la persona que quieres ser?

Lección 3: Guía del líder

Haz una lista de las razones que tu grupo da.

PREGUNTA Seguramente tú también hubieras mencionado muchas de estas razones. Todos estos son verdaderos retos. Pero Pedro identifica algo más también. Lee con tu grupo el versículo 9. (¿Puede alguien leerlo en voz alta?) Según Pedro, ¿cuál es la verdadera razón por la que no crecemos espiritualmente?

TRANSICIÓN AL ARTÍCULO Todo esto nos remite a lo que vimos en la primera lección — que el Evangelio no es el punto de entrada, sino el camino mismo de la vida espiritual. El artículo que estamos por leer nos explicará más cómo es que el evangelio nos cambia.

ARTÍCULO 10 minutos
Pídele a tu grupo localizar el artículo *Creyendo en el evangelio* en la Guía del participante y léanlo juntos en voz alta, un párrafo por persona.

DIÁLOGO 5 minutos

No hay un diálogo formal para este artículo porque los conceptos se trabajarán en el ejercicio. Sin embargo, es una buena idea asegurarse que la gente entienda bien los conceptos del artículo. Podrías preguntar si alguien tiene alguna pregunta o simplemente puedes hacer algunas preguntas tú mismo para ver si la gente está entendiendo el artículo. De cualquier manera, cuando lo creas conveniente, haz el ejercicio. Te llevará algo de tiempo.

TRANSICIÓN AL EJERCICIO En este artículo hay algunos conceptos realmente importantes que necesitamos asimilar personalmente, así que me gustaría tomar tiempo suficiente para hacer este ejercicio. Nos ayudará a entender cómo podemos aplicar el Evangelio a nuestras vidas de forma más efectiva.

EJERCICIO: Huérfanos vs. hijos 20 minutos

1. **Busca con tu grupo el ejercicio** *Huérfanos vs. hijos*.

2. **Que alguien lea en voz alta** el primer párrafo.

3. **Dale unos minutos a tu grupo** para que pueda contestar el ejercicio de forma individual.

4. **Compartir (columna izquierda):** Pide que todos compartan lo que han reconocido sobre ellos mismos. Puedes decir: "Empezando por la columna izquierda, me gustaría que en orden compartamos dos o tres de nuestras tendencias de 'huérfanos'".

Después de que todos hayan compartido sus respuestas, escoge las tres o cuatro respuestas más mencionadas por el grupo. Para cada una haz las siguientes preguntas:

PREGUNTA ¿Cómo esta forma de sentirte (como huérfano) afecta tu manera de relacionarte con Dios y con los demás?

PREGUNTA ¿Cómo esta tendencia revela una incredulidad fundamental en las verdades del evangelio (concretamente la adopción y la justicia pasiva)?

5. **Compartir (columna derecha):**

Después de que todos hayan compartido sus respuestas en cuanto a la columna de la derecha, enfatiza tres o cuatro de las más comunes. Para cada una haz las siguientes preguntas:

PREGUNTA ¿Cómo cambiaría tener la actitud de hijo tu forma de relacionarte con Dios y con los demás?

PREGUNTA ¿Cómo es que el evangelio (especialmente la adopción y la justicia pasiva) te capacita para crecer justo en este sentido?

CIERRE 5 minutos
Preguntas, comentarios y oración.

Lección 4

GUÍA DEL LÍDER

La ley y el evangelio

PANORAMA DE LA LECCIÓN

I. Conversación bíblica	Leer y hablar sobre el/los pasaje(s) [10 min.]
II. Artículo	Leer juntos *La ley y el evangelio* [10 min.]
III. Diálogo	Asimilar los conceptos juntos [15 min.]
IV. Ejercicio	Aplicar los conceptos usando un ejercicio específico [15 min.]
V. Cierre	Reflexiones finales y oración [5 min.]

CONVERSACIÓN BÍBLICA 10 minutos

El pasaje de esta semana (Romanos 10:1-4) habla de Cristo siendo "el fin de la ley". La pregunta con la que quieres que tu grupo debata es esta: "¿Qué es lo que esto significa? ¿Acaso significa que la ley de Dios ya no importa?". La respuesta es "no", pero si tu grupo toma esa dirección en la conversación bíblica, déjalo, ya que el artículo brindará la respuesta correcta. El punto de esta conversación no es "resolver el enigma", sino simplemente poner al grupo a pensar sobre el tema. Así que si las preguntas originan más preguntas, ¡está bien! El artículo tendrá abundantes respuestas.

PREPARACIÓN Hemos estado hablando sobre el evangelio. Uno de los grandes dilemas o retos en entender el evangelio se centra en el rol de la ley: todos los mandamientos y expectativas que Dios pone sobre nosotros. Iniciemos nuestra conversación leyendo y hablando sobre un pasaje donde Pablo menciona el tema.

LEER Pide a alguien que lea Romanos 10:1-4 en voz alta.

PREGUNTA ¿Cuáles son los dos tipos de justicia que parecen ser contrastados en este pasaje?

PREGUNTA ¿Qué es lo que este pasaje dice sobre Jesús y su relación con la ley?

TRANSICIÓN AL ARTÍCULO Este pasaje dice que Cristo es "el fin de la ley". Pero Jesús también dijo que Él no vino a anular la ley (Mateo 5:17-19). Entonces ¿en qué quedamos? ¿Qué se supone que tenemos que hacer con la ley? La idea es que este artículo responda a las preguntas que surjan. Léelo junto a tu grupo y después hablen un poco más.

ARTÍCULO 10 minutos
Pídele a tu grupo localizar el artículo *La ley y el evangelio* en la Guía del participante y léanlo juntos en voz alta, un párrafo por persona.

TRANSICIÓN AL DIÁLOGO Normalmente no hablamos de "la ley", por lo menos no como la gente lo hacía en los tiempos de Pablo. Así que hablemos acerca de estos conceptos y veamos cómo se relacionan a nuestro contexto.

DIÁLOGO 15 minutos
Estas preguntas tienen el propósito de ayudarnos a todos a entender los conceptos que presenta el artículo y conectarlos con nuestras propias creencias y acciones.

PREGUNTA Habiendo leído el artículo, ¿cómo resumirías la forma en que la ley y el evangelio trabajan juntos?

Lección 4: Guía del líder

PREGUNTA El autor del artículo habla de sentirse "obligado a ser un mejor cristiano". En estos momentos, ¿en qué área piensas que deberías mejorar?

PREGUNTA ¿Cómo se siente vivir bajo la presión del "tengo que hacer…"?

TRANSICIÓN AL EJERCICIO La Biblia usa la frase "bajo la ley" para describir la experiencia de vivir nuestra vida espiritual como si estuvieras corriendo en la caminadora del "tengo que ser" o del "tengo que hacer". Aquí está la tensión: si tratamos de vivir por la ley, no estamos viviendo a la luz del evangelio. Pero si anulamos la ley, no experimentamos el poder del evangelio que nos ayuda a obedecerla. Esta tensión afecta la manera en que leemos la Biblia, así que aquí hay un buen ejercicio para que tanto tú como tu grupo mantengan todo esto en su sitio correcto conforme leen la Biblia y siguen a Cristo.

EJERCICIO: El marco del evangelio y la ley *20 minutos*

1. **Busca con tu grupo** el ejercicio *El marco del evangelio y la ley*.

2. **Lean la explicación en voz alta** (hagan una pausa en la sección del ejercicio práctico).

3. **Trabajen juntos** en uno de los pasajes que aparece en la sección del ejercicio práctico usando *el marco del evangelio*.

CIERRE *5 minutos*
Preguntas, comentarios y oración.

Lección 5

GUÍA DEL LÍDER

El arrepentimiento

PANORAMA DE LA LECCIÓN

I. Conversación bíblica	Leer y hablar sobre el/los pasaje(s) [10 min.]
II. Artículo	Leer juntos *El arrepentimiento, un estilo de vida* [10 min.]
III. Diálogo	Asimilar los conceptos juntos [15 min.]
IV. Ejercicio	Aplicar los conceptos usando un ejercicio específico [15 min.]
V. Cierre	Reflexiones finales y oración [5 min.]

CONVERSACIÓN BÍBLICA *10 minutos*

Este texto introduce el tema del arrepentimiento y esperamos que provoque algunas buenas preguntas. No necesitas saber todo acerca de este pasaje. Solo permite que la conversación fluya.

PREGUNTA DE INTRODUCCIÓN Cuando los pecados de otros te afectan o te molestan, ¿qué cosas necesitas ver en los demás antes de que te sientas mejor con ellos o los perdones? (*Quiero que se sientan mal, que se disculpen, que sufran las consecuencias, que se alejen de su pecado para que puedan experimentar la gracia de Dios, etc.*).

Lección 5: Guía del líder

TRANSICIÓN Por lo general, somos una mezcla de emociones encontradas cuando se habla del pecado de otros. Algunas veces deseamos genuinamente lo mejor para ellos. Otras veces solo queremos sentirnos bien con nosotros mismos. Veamos un pasaje que muestra el deseo de Pablo por los corintios en esta área.

LEER Pide a alguien que lea 2 Corintios 7:5-13.

PREGUNTA ¿Qué es lo que Pablo quiere de los corintios?

Tristeza según Dios que produce arrepentimiento.

PREGUNTA ¿Por qué Pablo quería esto?

Por el bien de ellos y el progreso de su fe.

PREGUNTA ¿Cuál fue el fruto de arrepentimiento en sus vidas? (según 7:7, 11)

PREGUNTA ¿Cómo fue que su arrepentimiento afectó a Pablo?

Fue animado por Dios y no meramente justificado en su represión.

ARTÍCULO 20 minutos
Pídele a tu grupo localizar el artículo *El arrepentimiento, un estilo de vida* en la Guía del participante y léanlo juntos en voz alta, un párrafo por persona.

DIÁLOGO 15 minutos

PREGUNTA ¿Qué fue lo que más te ha llamado la atención de este artículo?

PREGUNTA ¿Cómo explicarías, en tus propias palabras, la diferencia entre el verdadero y el falso arrepentimiento?

PREGUNTA ¿Hacia dónde ves que te inclinas más, hacia el remordimiento o hacia la resolución?

PREGUNTA ¿Cuáles crees que son algunas de las evidencias o marcas del verdadero arrepentimiento?

TRANSICIÓN AL EJERCICIO Para que esto realmente eche raíz en nosotros, tenemos que hablar sobre cómo podemos practicar el arrepentimiento genuino en nuestras vidas. Haz con tu grupo un ejercicio que les ayude a identificar el arrepentimiento falso y los lleve al arrepentimiento genuino.

EJERCICIO: Practicando el arrepentimiento *20 minutos*

Este ejercicio ayudará al grupo a identificar formas de arrepentimiento falso y a practicar el arrepentimiento genuino… y decimos "practicar" de una manera muy literal. El grupo procesará respuestas comunes de falso arrepentimiento (y los pecados del corazón que cubren) en un esfuerzo por determinar cómo la gente puede verdaderamente arrepentirse en situaciones específicas. Practica con tu grupo algo que necesita ser real en la vida diaria. Ya que el arrepentimiento lleva una connotación negativa, necesitas recordarle a tu grupo que el arrepentimiento es algo bueno y normal. Este ejercicio es una expresión de afecto de una comunidad amorosa.

1. **Localiza** el ejercicio *Practicando el arrepentimiento*.

2. Lee con tu grupo las instrucciones dadas y **trabajen juntos** el ejercicio.

CIERRE *5 minutos*
Preguntas, comentarios y oración.

Lección 6

GUÍA DEL LÍDER

La idolatría del corazón

PANORAMA DE LA LECCIÓN

I. Conversación bíblica	Leer y hablar sobre el/los pasaje(s) [10 min.]
II. Artículo	Leer juntos *La idolatría del corazón* [10 min.]
III. Diálogo	Asimilar los conceptos juntos [15 min.]
IV. Ejercicio	Aplicar los conceptos usando un ejercicio específico [15 min.]
V. Cierre	Reflexiones finales y oración [5 min.]

CONVERSACIÓN BÍBLICA 10 minutos

PIDE a alguien que lea Marcos 1:15

DI Si Jesús tuviera un sticker para pegar en el auto (¡lo cual Él no haría!), diría: "Arrepiéntanse y crean, porque el Reino de Dios se ha acercado". Este era el lema y el tema principal de Su enseñanza.

PREGUNTA ¿Qué crees que Jesús quería decir cuando dijo: "Arrepiéntanse y crean"? ¿A qué estaba llamando a la gente?

PREGUNTA De acuerdo con este versículo, ¿qué es exactamente lo que debemos de creer?

TRANSICIÓN AL ARTÍCULO El artículo que leerás con tu grupo se enfoca en lo que significa creer en el evangelio y cómo es que este produce crecimiento en las vidas. Léanlo juntos.

ARTÍCULO 10 minutos
Pídele a tu grupo localizar el artículo *La idolatría del corazón* en la Guía del participante y léanlo juntos en voz alta, un párrafo por persona.

TRANSICIÓN AL DIÁLOGO Hablemos del concepto de los ídolos del corazón, y específicamente de los ídolos de nuestro corazón.

DIÁLOGO 30 minutos

PREGUNTA Antes que nada, ¿todos entendemos el concepto de "ídolos del corazón"?

Si alguien contesta que no, lee con el grupo otra vez la sección del artículo que habla sobre los ídolos del corazón.

PREGUNTA Usando la lista del artículo, menciona uno o dos de los que tú crees que son los ídolos más grandes de tu corazón.

Que todos compartan su respuesta.

PREGUNTA ¿Cómo es que este ídolo se manifiesta en tu vida? En otras palabras, ¿cuáles pecados que están en la superficie son producidos por este ídolo?

La manera de lidiar con los ídolos del corazón es aplicar el evangelio a nuestros asuntos específicos. Hablemos sobre cómo podemos aplicar el evangelio a nuestros ídolos del corazón. *Haz estas preguntas a diferentes personas del grupo, aplicando el evangelio a los varios ídolos del corazón que han sido identificados.*

Lección 6: Guía del líder

PREGUNTA ¿Cómo ves que te fallan los ídolos de tu corazón?

PREGUNTA ¿Cómo es que el evangelio "libera" en esta área? (¿Cómo es que el evangelio satisface tus deseos o cubre tus necesidades completamente a diferencia de tus ídolos?).

PREGUNTA ¿Qué es lo que necesitas recibir por fe de parte del evangelio para vencer el poder de esos ídolos en tu vida? En otras palabras, ¿cuáles verdades bíblicas específicas necesitas "realmente creer" para combatir la idolatría de tu corazón? ¿Se te hace difícil creer estas verdades? ¿Por qué?

PREGUNTA ¿Cómo es que los ídolos de tu corazón minan tu habilidad para amar?

PREGUNTA ¿Cómo el evangelio te libera para amar bien a otros?

CIERRE 5 minutos
Preguntas, comentarios y oración.

En tu tiempo de oración, enfócate en "orar el evangelio unos con otros", es decir, ora específicamente para que las verdades del evangelio venzan el poder de los ídolos en la vida de cada persona de tu grupo.

Lección 7

GUÍA DEL LÍDER

La misión

PANORAMA DE LA LECCIÓN

	I. Conversación bíblica	Leer y hablar sobre el/los pasaje(s) [10 min.]
	II. Artículo	Leer juntos *El evangelio nos impulsa hacia afuera* [10 min.]
	III. Diálogo	Asimilar los conceptos juntos [15 min.]
	IV. Ejercicio	Aplicar los conceptos usando un ejercicio específico [15 min.]
	V. Cierre	Reflexiones finales y oración [5 min.]

CONVERSACIÓN BÍBLICA 10 minutos

Este pasaje establece el fundamento bíblico para el concepto principal de esta lección. El reto, como se ha presentado a lo largo de los estudios, es pasar de lo que creemos o con lo que estamos de acuerdo "sobre el papel" a darnos cuenta de cómo fallamos en vivir esa creencia en nuestra vida real. No llegarás a ese punto por medio de un breve diálogo sobre algunos versículos, pero juntamente con el artículo y el ejercicio, este pasaje servirá como un buen "espejo" en el cual podemos ver nuestras vidas tal como son.

LEER Gálatas 5:13-15 en voz alta dos o tres veces.

Lección 7: Guía del líder

PREGUNTA ¿Cómo es posible usar nuestra libertad como una oportunidad para pecar? ¿Cuáles son algunas de las cosas que nos alejan de servirnos unos a otros tal como nos instruye este pasaje?

TRANSICIÓN AL ARTÍCULO ¿Qué tiene que ver todo esto con el evangelio o con una vida centrada en el evangelio? Nuestra tendencia es a pensar en la transformación como algo personal, como una realidad interna. Y si bien es eso, también es una realidad externa. Este artículo lo explicará con más profundidad.

ARTÍCULO 10 minutos

Pídele a tu grupo localizar el artículo *El evangelio nos impulsa hacia afuera* en la Guía del participante y léanlo juntos en voz alta, un párrafo por persona.

TRANSICIÓN AL DIÁLOGO Vamos a estar trabajando con este diagrama durante las siguientes lecciones, así que invirtamos un poco de tiempo en hablar sobre estos conceptos.

DIÁLOGO 15 minutos

PREGUNTA ¿Cuántos aquí sienten que la vida cristiana —especialmente la misión— ha llegado (o que a veces llega) a ser una obligación, en vez de ser algo que nos llena de alegría? ¿Cuál creen que sea la razón por la que esto sucede en sus vidas?

PREGUNTA ¿Cómo respondes cuando careces de motivación para la misión: con legalismo (obedeces aunque no te apetezca) o con licencia (no obedeces para nada)?

TRANSICIÓN AL EJERCICIO Puedes decir: "Veamos si podemos relacionar esto a nuestras vidas reales. Vamos a ver una serie de preguntas que quiero que contestes en el contexto de tu propia vida. Siéntete libre de hacer preguntas si en algún momento te bloqueas. Podemos ayudarnos unos a otros a hacer el ejercicio si hace falta. Cuando hayamos terminado, compartiremos y reflexionaremos juntos sobre algunas de nuestras respuestas. Lo más importante en estos ejercicios es ser honesto con uno mismo. No retengas tu respuesta porque pienses que la vas a tener que compartir con el resto del grupo. No te pediré que leas lo que no quieras compartir, aunque cuanto más compartas, más provecho sacarás".

EJERCICIO *15 minutos*
Ve al ejercicio *Llegando al corazón de la misión*.

> *Nota: "Misión" se define aquí de manera global como cualquier cosa que traiga renovación y redención centrada en el evangelio a las personas en sus lugares y culturas.*

> *Da suficiente tiempo a tu grupo para que cada quien conteste las preguntas de forma individual. Después de que hayan terminado con el ejercicio, usen las siguientes preguntas para animarlas a compartir:*

PREGUNTA ¿Cuántas de estas situaciones tienen que ver con un compañero de trabajo? ¿Cuántas tienen que ver con un vecino? ¿Y con un miembro de tu familia? ¿Con un amigo? ¿Con alguien más?

Esto les dará oportunidad a todos de compartir sin tener que decir demasiado. También te dará una idea de cuantas personas pudieron identificar algo.

PREGUNTA Pide que alguien de tu grupo se postule como voluntario (o, si es posible, escógelo). Toma la situación de la persona y haz que el grupo trabaje con base en su situación aplicando el evangelio a la barrera (o a las barreras) de la persona. Pregunta al grupo: ¿Cómo el evangelio trata con las barreras emocionales, físicas, intelectuales y espirituales a la misión en la situación de esta persona?

Mientras el tiempo lo permita, repite el ejercicio usando situaciones de otras personas del grupo.

Lección 7: Guía del líder

TRANSICIÓN AL CIERRE Puedes terminar diciendo: "Este ejercicio ha sido muy útil. Nos ayuda a ver la misión no como una obligación, sino como un fruto natural del evangelio. Puedo hacer referencia a mi falta de misión no encarando la misión, sino mi incredulidad en el evangelio. En las siguientes lecciones aplicaremos este concepto al conflicto y al perdón".

CIERRE 5 MINUTOS
Preguntas, comentarios y oración.

NO OLVIDES: *Pídele a tu grupo que hagan un breve ejercicio antes de la próxima reunión. Es el ejercicio que está en la lección 8 bajo el título* Llegando al corazón del perdón.

Lección 8

GUÍA DEL LÍDER

El perdón

PANORAMA DE LA LECCIÓN

I. Conversación bíblica	Leer y hablar sobre el/los pasaje(s) [10 min.]
II. Artículo	Leer juntos *El evangelio nos da poder para perdonar* [10 min.]
III. Diálogo	Asimilar los conceptos juntos [15 min.]
IV. Ejercicio	Aplicar los conceptos usando un ejercicio específico [15 min.]
V. Cierre	Reflexiones finales y oración [5 min.]

CONVERSACIÓN BÍBLICA 10 minutos

El propósito de este pasaje es bastante claro. Pero, por supuesto, que algo sea sencillo no significa que sea fácil.

PREPARACIÓN El pasaje que vamos a leer en esta ocasión es bastante claro. Es una de las parábolas de Jesús. Así que mientras leemos, pídele a tu grupo que busquen el punto clave de la historia.

LEER Que alguien lea Mateo 18:21-35 en voz alta.

PREGUNTA ¿Cuál es el punto clave de la historia?

Lección 8: Guía del líder

PREGUNTA Si tuvieras que explicar a alguna persona lo que significa el perdón, ¿qué le dirías?

TRANSICIÓN AL ARTÍCULO El perdón no es fácil. Este artículo explicará el concepto bíblico del perdón; después revisaremos los deberes de la semana pasada.

ARTÍCULO 10 minutos

Pídele a tu grupo localizar el artículo *El evangelio nos da poder para perdonar* en la Guía del participante y léanlo juntos en voz alta, un párrafo por persona.

PREGUNTA Habiéndolo leído, ¿cuáles parecen ser los aspectos más importantes del perdón?

TRANSICIÓN AL DIÁLOGO Ahora vayamos a la parte más complicada: ¿Qué tal se nos da perdonar a los demás?

EJERCICIO 40 minutos

La semana pasada les entregaste a las personas de tu grupo la primera parte del ejercicio Llegando al corazón del perdón. *Les pediste contestar a las preguntas que estaban en ese ejercicio.*

PREGUNTA ¿Qué opinión les generó la tarea? ¿Fue difícil hacerla, les sirvió para pensar, fue convincente? ¿Por qué?

PREGUNTA Pide a alguien que comparta sus respuestas a la pregunta 2 del ejercicio *Llegando al corazón del perdón*, y después haz lo mismo para las preguntas de la 3 a la 6.

Se espera que la gente comparta algo de lo que ha escrito, pero no necesita compartir todos los detalles, y evidentemente no es necesario mencionar nombres.

PREGUNTAS DE APLICACIÓN

*Esta es **la segunda parte del ejercicio**, la cual harás junto a tu grupo. Tomando algunas de la situaciones que se han compartido, el grupo hablará de cómo el evangelio puede darnos poder para perdonar en cada una de estas circunstancias. A este importante tema podemos aplicar las verdades de las que hemos estado hablando durante semanas. Aquí tenemos algunas preguntas:*

1. **Explica** cómo el evangelio puede habilitarte para tener compasión y amor genuino hacia la gente que necesitas perdonar (sé específico de acuerdo con tu situación).

2. **Describe** algunos de los pasos de amor que tendrás que dar en estas relaciones interpersonales. ¡Esto no es teoría! Como grupo nos estamos ayudando a vivir el evangelio. Rendiremos cuentas los unos a los otros para alcanzar este propósito.

TRANSICIÓN AL CIERRE Puedes concluir diciendo: "Todo esto ha sido realmente bueno. Es difícil hacerlo, pero es lo que significa 'la fe trabajando a través del amor'. Tomémonos un tiempo para orar unos por otros mientras trabajamos esta semana en acercarnos a la gente que necesitamos amar y perdonar".

CIERRE 5 minutos
Preguntas, comentarios y oración.

Lección 9

GUÍA DEL LÍDER

El conflicto

PANORAMA DE LA LECCIÓN

	I. Conversación bíblica	Leer y hablar sobre el/los pasaje(s) [10 min.]
	II. Artículo	Leer juntos *El evangelio nos ayuda a lidiar con justicia* [10 min.]
	III. Diálogo	Asimilar los conceptos juntos [15 min.]
	IV. Ejercicio	Aplicar los conceptos usando un ejercicio específico [15 min.]
	V. Cierre	Reflexiones finales y oración [5 min.]

CONVERSACIÓN BÍBLICA *10 minutos*

LEER Gálatas 2:11-14 en voz alta.

PREGUNTA ¿Por qué Pedro (Cefas) estaba equivocado? ¿Qué motivó a Pablo a confrontar a Pedro?

TRANSICIÓN AL ARTÍCULO Este artículo nos llevará más profundamente a cómo (y cómo no) manejar el conflicto en nuestras relaciones interpersonales.

ARTÍCULO *10 minutos*

Pídele a tu grupo localizar el artículo *El evangelio nos ayuda a luchar con justicia* en la Guía del participante y léanlo juntos en voz alta, un párrafo por persona.

DIÁLOGO *10 minutos*
Veamos a dónde nos llevan las siguientes preguntas.

PREGUNTA ¿Quién de ustedes es una persona atacante? ¿Quién es una persona que se retira?

PREGUNTA ¿Con qué aspectos mencionados en las dos listas del artículo te identificas más? (¿Cómo es que específicamente atacas o te retiras?)

PREGUNTA ¿Por qué crees que manejamos el conflicto de esta manera?

TRANSICIÓN AL EJERCICIO Este ejercicio ayudará no solo a descubrir porqué atacamos o nos retiramos, sino a acercarnos hacia un enfoque centrado en el evangelio para resolver conflictos.

EJERCICIO *30 minutos*
Ve con tu grupo al ejercicio *La resolución de conflictos centrada en el evangelio* y léanlo juntos, incluyendo la información que hay en el cuadro.

PREGUNTA ¿Alguien tiene dudas sobre el cuadro? *Después, da tiempo para que cada uno conteste personalmente las preguntas.*

COMPARTE Una vez que todos hayan respondido las preguntas, pide a diferentes personas que compartan sus respuestas. Mientras algunos miembros del grupo comparten sus situaciones y las formas erróneas de tratar con esas circunstancias, invita al grupo a ayudar a aplicar el evangelio a esas situaciones. En otras palabras, ¿cómo sería un conflicto impulsado por el evangelio bajo esas circunstancias, en contraste con atacar o con retirarse?

CIERRE *5 minutos*
Preguntas, comentarios y oración.

Descubre *el evangelio*
Descubre a Jesús

Encuentros con Jesús
Respuestas inesperadas a las preguntas más grandes de la vida

¿Cuál es mi propósito en la vida?

Jesús *cambió la vida* de cada persona que conoció cuando se encontró con ellos y les dio respuestas inesperadas a sus preguntas más grandes. Encuentros con Jesús muestra cómo las vidas de muchas personas fueron transformadas cuando se encontraron con Jesús personalmente —y cómo nosotros podemos ser transformados hoy a través de un encuentro personal con Él.

Los Cantos de Jesús
Un año de devocionales diarios en los Salmos

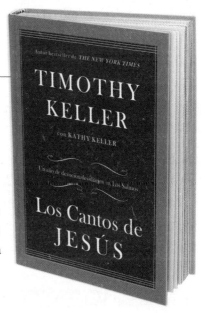

¿Sabías que Jesús cantaba Los Salmos en Su vida diaria? Él conoció los 150 Salmos íntimamente y los recordaba para enfrentar cada situación, incluyendo Su muerte.

¡Los Salmos son los Cantos de Jesús!

En este devocional, Timothy Keller y su esposa Kathy te mostrarán profundidades en Los Salmos que te **llevarán a tener una relación más íntima con Dios.**

Otros libros de
POIEMA

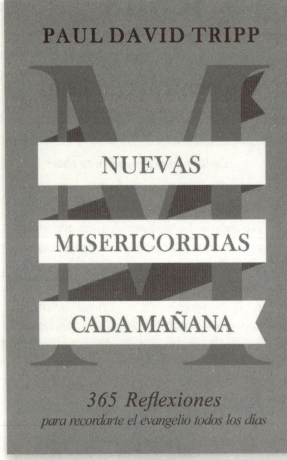

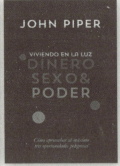

el evangelio para cada rincón de la vida